上海之妖

朱　蕊

上海书店出版社
SHANGHAI BOOKSTORE PUBLISHING HOUSE

目录

几点黄花满地秋

昨天接到短信，朋友要来报社找我，说是可能和广告什么的有关。我虽与广告无关，但朋友总是要接待的。

咦，我们报社现在广告部门在哪里？他要来的话我不晓得把他带到什么地方去，我要先探探路。

报社搬到莘庄有些时日了，但我对报社一点也不熟。大前天下雨，我开车去报社居然找不到地方了。可能是分心，也可能下雨时路况不太一样，对我这样的只看景色不认路的人来说是会有麻烦的，于是，该小拐时没拐，然后就怎么也找不到报社那条路了，往前往前，怎么上了高架？不对呀，赶快下去，拐个弯掉头开回去，怎么那么多隔离带，开过去看看不对再掉头，几个头掉过自己都晕了，报社啊，你到底在哪里？不急不急，定定心辨辨方向。终于看到家乐福了，哦，大拐过去，报社赫然就在眼前，得来全不费功夫。

在办公室说起此事，大家笑我，连上班的地方也好寻不到的，什么人哦。是啊，想想也是好笑的，现在还经常会跑错方向，应该往西，我却往东，那是一个习惯性的方向。如果在汉口路大楼我当然是不用想就知道什么部门在什么地方的。再早一点的广告部门在哪里我也都刷刷清。

汉口路300号《解放日报》大楼还没建起的时候，我们先后在汉口路274号和309号上班。309号是原先的《申报》馆，老报馆的味道十足，那时楼下就是广告部。《申报》是上海历史最悠久、出版时间最长的一种中文日报。《申报》1872年问世，而一直到临近中国近代史尾声的1897年，一份由外国资产创办的中文报纸《字林沪报》，才开始增出一张中文版的附属报纸《消闲报》。那时《字林沪报》与《申报》成为竞争对手，并在竞争中共存了 20 年。《申报》后来的深入人心，可以从上海人的闲话中体现出来，上海人称所有报纸为"申报纸"。比如说"迭戈么事（这个东西）拿申报纸包一包"。申报纸的用途曾经很广。好像记得张爱玲小说里的人物有时就拿用申报纸包的食品乘有轨电车，食品上的油透过报纸渗出来。

申报馆的这座大楼是在原来二层砖木结构的原址上重建的，建成于 1918 年，是早期的近代式建筑，外墙檐口和壁柱均有花纹，据说带有新古典主义的装饰风格。它是一座五层楼的灰色建筑，在山东路汉口路的转角上，很沉稳的样子。现在它是"新旺茶餐厅"，但那时候，我们在汉口路 309 号上班，茶餐厅是广告部——印象最深刻的是老申报馆的穹顶，由粗大的立柱撑起一个偌大的厅堂，顺着立柱望去，弧拱形的石膏踢花繁繁复复，与其他地方比起来，它是豪华到几乎奢侈了。这个有着漂亮穹顶的大厅就是我们广告部的营业厅，因为高大，大厅里便搭起了阁楼，许许多多人密密麻麻地坐在里面，与美丽穹顶朝夕相处。我们也很习惯在有着这样漂亮穹顶的单位上班，不以为意。如果有人来寻广告部，将他带过去就是。

广告部营业大厅的侧面有门房，再里面一点是电梯，一台有人操作的电梯，行驶时会发出不太厉害的机械转动声，天天上班，与电梯操作员很熟，点头、打招呼、寒暄，再听着电梯行驶的声音上到三楼，一种很人情味的感觉。三楼有我的办公室，如果早到，办公室的门就还紧闭着，那种漆成深色的厚重的门，在门上钉有一个大大的报插，当天的报纸已经到了，有工友已将灌满了开水的热水瓶放在门旁，种种体贴周到，让人心里温暖。

当看到办公室里那些橙黄的或深棕色的大大的笨重的写字桌时，会有一种悄悄滋生的喜悦溢上心头，想象自己坐在那里统领不知多少万字兵词将，像一个非常有权势的将军。办公桌上是那种黄铜底座、绿色玻璃灯罩的老式台灯，黄黄的灯光洒在桌面上，是可以从字词当中走入时光的。走入时光就到达"写字间"，非常有力的传统，要知道我这个办公室就是过去申报馆的写字间，想来，到我那个时候大概还没有根本变样。对的，我这样认定是有依据的，我认为我看到过当时的写字间，就是在汉口路309号，在参观完一间壁板装饰考究的房间后，有人就讲这里以前是史量才的办公室哦。这个地方，随便转一圈都是历史啊。还记得刚来时部门里的同事带我到一个硕大的写字台前对我说，这个写字台以前是姚文元的，撇开政治不谈，迭戈人还是蛮有"才气"的，无论如何，他的文章曾经影响深重。你也可以在这个椅子上坐一坐，也算和著名的"文人"有点关系了。

黄色或者棕黑色的办公桌上放着印成绿色的稿纸。那时外面文具店卖的稿纸一般为300字或500字一张，而我们报社的稿纸是270字一张，很是与众不同。因为我们报纸的小样为27个字一行，就是报纸上的两栏，一栏13个字。270个字的稿纸写起来很好算字数，一写就知道栏数，以及可以在版面上占多大篇幅。讲起写文章，当时最让我佩服的是许寅。报纸记者都有条线，各人分管一摊，可他没有，但他偏偏哪条线都有朋友，哪条线到他那儿都能出新闻。他是自由人。当时不像后来，条线意味着利益，大家头破血流。他拿起那绿色的稿纸哗啦哗啦，一会儿就是一篇，真的是倚马可待。且他的文章是用不着编辑再编的，一次成"报"。如此这般的牛人，不是什么大学培养出来的，他出身于《申报》练习生。

　　许寅让我想起一个被描绘得神乎其神的人，邓拓。1961年的辰光，邓拓开始以"马南邨"为笔名在北京晚报副刊《五色土》开设《燕山夜话》专栏，共发表了一百多篇文章。说邓拓的能写，就是倚马可待四个字。见到许寅，我晓得了什么叫倚马可待，也晓得了倚马可待不是不可实现的。想起来1961年，吴晗写了《论骨气》，将中国文化中硬朗一面的传统加以宣扬。他讲孟子的"富贵不能淫，贫贱不能移，威武不能屈，此之谓大丈夫"，讲文天祥的"人生自古谁无死，留取丹心照汗青"，讲不食嗟来之食，讲"闻一多拍案而起，横眉怒对国民党的手枪，宁可倒下去，不愿屈服"。这篇文章后来被收入中学课文。

但现在的读者，真的能理解1961年吴晗写《论骨气》时的语境吗？关于骨气的例子还有很多，比如伯夷叔齐不食周粟饿死首阳山，这一直被文化传统认定为至高无上的道德，总是说"行若由、夷"（"由"是许由，"夷"是伯夷）。比如明方孝孺的坚不贰臣不为明成祖朱棣所用，他写下"燕贼篡位"四字令他被株连十族（九族外再加师生友朋一族），致数百人丧生。还比如史可法被困扬州，多尔衮劝降，史可法拒降，慷慨赴死，"全始终之德"。他死后，就发生了史称"扬州十日"的大屠杀，扬州八十万生灵涂炭。据说，因为史可法不降，至攻城的满洲建虏遭到很大伤亡，心里恼恨，因此下令屠杀扬州百姓。这样说，史可法在这个历史的节点上降和不降都难以选择，保全个人名节和保全城中百姓性命（当然，他说过："城亡与亡，我意已决，即碎尸万段，甘之如饴，但扬城百万生灵不可杀戮！"）孰轻孰重？或者，当然他也不能预计身后事。无论如何，照理，明清确是不共戴天，反清复明也曾是仁人志士的正义斗争，只是时间过去几百年之后，满族的旗袍则成了当今中国

7

服饰的标志，中国元素一定要大红灯笼和龙凤旗袍的。前不久看到一则消息，有一家民间的时装表演团体走出国门，就是以到各国去展示旗袍为己任的，说是展示中国人的风采。此一时彼一时也。

此一时，是不是也会有人认为叔齐伯夷所为有点迂腐呢？你们可以反对汤、武革命，反对"以暴易暴"，但何必不吃饭呢，吃饱了饭，管它哪家的饭呢，白猫黑猫只要能抓老鼠就是好猫，吃饱了才是硬道理，吃饱了才更有力气反对嘛。这可能是现代人的过分实用主义，以现代小人之心度古代君子之腹。至于方孝孺，他反对的明成祖朱棣被历史证明是有治国雄才的君主，朱棣迁都北京，北京从那时开始就成为了中国的政治中心，而朱棣统治时期史称"永乐盛世"。因此也有人认为方孝孺不贰臣致数百人被杀不值得，更有甚者认为他是为了成全自己的名节而罔顾他人死活（八百多个人一个一个捆到他面前诛杀，一直杀了七天！最后他才被凌迟处死碎尸万段）。我想，这种说法对方孝孺太苛，用现在的眼光看，方孝孺应该可以决定为谁工作和不与谁合作，朱棣因而株连十族是滥杀无辜，暴君行径，不能因为有了"盛世"就抹杀所有罪恶。一码归一码。当然，用历史的眼光看，方孝孺的选择也大概成全了他对于气节风骨的个人理解。

刚刚提到了邓拓、吴晗，再加一个廖沫沙就是"三家村"了。彼时还是1961年（怎么都在这一年，那是个什么年代啊），中共北京市委理论刊物《前线》，约请此三位合开一个杂文专栏《三家村札记》借谈古以论今。专栏一直开到1964年。但到了1966年《三家村札记》和《燕山夜话》就遭到了批判，先是《北京日报》以三个版的篇幅，发表了一批批判文章——又要说到姚文元了——后来姚文元在上海《解放日报》和《文汇报》上发表了《评"三家村"》、《"三家村札记"的反动本质》等文章，全国开始声势浩大地声讨"三家村"，这成为了"文革"序幕中的标志性事件。

我有幸在这样一个有历史的地方上班，不好意思，一不小心就被历史撞了，在这种时间和地点的默契下，你要装不看到历史也是不行的。

许寅退休很多年了，没想到，前几天吃饭时还有人说起他的轶事。可能是"文革"中或"文革"前的事了，反正是我还没进报社那会儿。同事说，一天，许寅一人跑到同事某某某家里，某某某不在，家里只有刚上中学的孩子，孩子对他说："妈妈不在。"他说："我知道啊，在的话，还不出来？"孩子又说："爸爸也不在。"许寅说："我知道啊，你爸爸在，敢不出来？"许寅一面说一面在小孩做功课的饭桌对面坐下了。小孩眨巴着眼睛看着他，憋出一句话来："许叔叔，我不会烧菜啊！"许寅笑了："没关系啊，那你会不会烧饭？"然后，许寅走到碗橱前，翻看一遍后对孩子说："好吧，你烧个饭就可以了。"孩子真的就去烧饭了。许寅拿出碗柜里的剩菜，就着孩子烧好的饭，非常享受地完成了他的大餐。临走，他还让孩子找出一个玻璃瓶洗净，将吃剩的咸菜炒毛豆装瓶带上了，"你妈妈烧的这个毛豆子太好吃了。"许寅凭啥到别人家像到自己家一样？这问题估计大家也想得明白，因为他将别人的事情当自己的事情一样办的。不然，他如何可以朋友遍报社内外？

这一类许寅的轶闻听到的不下十几个版本。有一回，许寅下乡，可能类似现在的"走转改"。到了农村，他坐上了农民的手推车去另外一个村子。开始他是面向前坐着，良辰美景，风光无限，只是安静得就听到车轱辘轧过地面的辚辚之声，他心里不免就发起毛来，慢慢地他转过身来面对着推车的人坐着。推车的问他："你为啥反着坐啊？"他答："正面的风景看过了，反面看也有风景啊。"然后他脱下外套抖搂抖搂自说自话"早上出来忘带钱包啦。"后来回来他告诉同事，他是怕在那样荒僻的地方碰上个劫财的，然后再来个杀人灭口就好玩了，他那是未雨绸缪做预防工作呢。他讲起来又是绘声绘色的，大家笑死。这样一个貌似不羁的许寅竟然也有害怕的时候。而那一派的名士风流，让许寅成了一个传说中的人物。

这个传说中的人物那时很是鲜活，他叫汤娟"小汤娟"（汤娟是"文革"前的大学生，是我们的前辈，但在许寅那里她是小的），叫得汤娟更加娇小糯软了，就是苏州女孩的范儿。他叫我"小朱蕊"，当时我比较年轻，大学刚刚毕业不久，因而也就有了倚小卖小的资格，我的第一篇报道就是他帮我改的。

编辑都有一把铜尺，是专门用来量行数和算字数的，那时拼版可是个技术活，要算好字数，然后到排字房去排字拼版。毕昇的"活字印刷"我总算还是亲眼见过的了。

那时候我还很佩服排字房的工人，他们对架子上无以计数的铅字了然于胸，要什么字一伸手就拿来了，三个指头捏田螺，稳稳当当放到左手拿着的模子里，模子是27个字宽的一个框子，排好就是小样了。看着他们飞快地将稿纸上的钢笔字变成一排一排的铅字（与报纸上的字是反着的），那么多的字体、字号还有铅条花边头花等从来不乱。他们排字，排着排着还能发现问题，"哎，这个字错了。"如果你正好在，就问你："你看看？"多半他们会对的，是写的人粗心了。当然从程序上说必须编辑将字改过来，他们再按编辑改的排。小样反正是要改的，就先排着吧，因而小样出来会有一个一个O，那是暂时找不到字或者看不清原稿等造成的空漏。都说排字工人是工人中最有文化的，那绝对正确，试想，每天他们要排多少篇文章就读了多少篇文章，而且比一般的读还要深入，每个字都是被琢磨的呢。

现在也还是有点不明白，那时到排字房去是在走过宽大的铺着黑白两色马赛克（以白为主，黑色点缀）的楼梯——记得楼梯旁扶手是黑铁铸花的，其上的木质包围被时间打磨得鎏光圆润，那铸花的花纹实在漂亮——在大多数建筑都如火柴盒一般的一片萧条中，这是我能够进入审美的一个场景，在走过的时候我会多看它们几眼——楼梯的转角有一大扇钢窗，窗外是隔壁民居硃红色瓦片的房顶、晒台、以及某些居民家敞开的窗户——在转角处看看那些市井人家，然后再穿过宽阔的有着长条人字形打蜡地板的过道就进入了排字房。黑乎乎的排字房是隐匿于如此豪华的阵容后面的。不知道为什么是这样的布局，是不是在老报人的心中，排字房和考究的建筑是可以一样荣耀奢华的？

想起排字房是因为搬迁。那天整理东西打包时有人翻出一件蓝大褂。我一看到就笑了，那段日子，那些被遗忘的日子突然回来了。我们说，那时就穿着这蓝大褂上班的呢。年轻人不懂，瞪大了眼睛叫起来："怎么可能！那不真成了蓝领啦？"他们当然不明白，上世纪80年代初跟他们是无关的，到他们成长起来的时候，白领就变成是年轻人必须有的身份了。因此，他们对蓝领白领比较敏感也在情理中吧。而我们确实是穿了蓝大褂上班的，虽然谈不上无上荣光，但穿得合宜，要去排字房啊。排字房里的铅字都沾了油墨，黑乎乎的，于是我们穿了蓝大褂在车间里存放铅字的架子间穿来走去，与鱼儿在水里一样自然。

可能我们做过"伪蓝领"吧，对于领子的蓝白并不太在意，领子也不能决定高下，最多是各擅胜场吧。就像现在记者写本地新闻喜欢用上海话写，这好像是一种时髦，但年轻的白领们可能喝黄浦江水的时间还不长（看到一条消息，"目前在全市在业人口中，外来人口占到了52.6%"），体会不了上海话里面的某些意味，他们老是将上海话的字弄错，意思就完全颠倒了。比如开心，上海人讲"焐心"（心是暖暖的），老适意的。但年轻的记者们写成"窝心"，这"窝心"不是很窝火很不顺畅嘛。再说，这两个字用上海话读来是完全不一样的，前者读"wu"，后者读"ku"，比如说"金窝（ku）银窝（ku）不如自己的草窝（ku）"。

偶尔看到一篇采访作曲家陈钢的文章，陈钢谈到了他父亲：陈歌辛的时代，张爱玲说自己是小市民，以前的小市民是张爱玲水平的。陈钢问，"那么现在白领的水平呢？"陈钢认为，受众的水平决定了作品的水平。在那个时代，小市民或者一个报馆练习生都可以个性鲜明各有所长。可以佐证这一看法的是，史学大家严耕望上世纪七八十年代曾说：清末民初之际，江南苏常地区小学教师多能新旧兼学，造诣深厚，今日大学教授，当多愧不如，无怪明清时代中国人才多出江南！

这样说来，有点九斤老太的嫌疑。其实不然，时代在进步，只是在此消彼长中，有许多可能也是珍贵的东西一起消弭了。现在对事物的评判简单化了，人分三六九等，看职务、办公室大小、票子、房子、车子等等，因而也就会经常看到变态到一张正反面都写不下还要折叠一面的写满头衔的名片了。现在但凡一个陌生人往你面前一站，你只要在以上几项中选其一二略作了解，便可知这个人处于哪一等级中。如果以现在的标准看，当时那些人怎么可能成为我们心目中的"职业楷模"呢。当时我们认为做记者当如许寅，做编辑当如陈诏。

陈诏是老《新闻报》的，后来报社合并进了《解放日报》，反右时被打成右派，离开上海"改造"了几十年，我进报社时他好像摘帽回来工作的年份也不是很长。我做编辑是他带的。一把铜尺怎样用，怎么划版样，然后是跑排字房。有空了，他就叫上我，"小朱，我们去何为家吧。"过几天又去黄裳家，再过些日子去唐振常家……那些我以前只读到过文章而从来没有见过面的作家、学问家与陈诏都是很好的朋友。

陈诏和许寅是很不一样的，许寅风风火火，声高气粗，写文章龙飞凤舞一气呵成，一派大将风范。而陈诏是温文尔雅，轻声慢语，带有宁波口音的话说快了会略微有点口吃，他为人和顺，做版面编文章兢兢业业一丝不苟，标点符号都推敲着改。我们都叫他"老陈（qin）"

（用宁波话发音）。他在"改造"时一直做着《红楼梦》研究，"文革"后出了好几本有关的专著，因而有时我们又打趣叫他红学家或者贾宝玉。老陈一手字写得清、秀、端正，好像从来不会涂改，落笔一定是成文了，看他的手稿是蛮享受的。有时版面的标题老是那样几种字体，我们觉得没有新鲜感了，会央他写几个毛笔字去制了版来用。他拿出一叠草纸（上厕所用的那种，很"不恭敬"啊），将毛笔在墨水瓶里蘸了，就写起来，当然要写多张，直到满意的那张出现——这是办公室有趣的记忆之一，那时我们办公室很多"才子"、"书法家"们用此法写字，一张张"血淋淋"的字摊在桌上任人评点。后来，其中的一些字成为了报纸版面上的标题。

我们总是和老陈开各种各样的玩笑，有时还是有关男女的，没大没小，他也不生气，笑眯眯地随我们去说。但其实我们心里是赞叹他的爱情的。他被打成右派的时候还非常年轻，结婚没多久，他的夫人可以不跟着他"发配"，但他夫人却跟去了，一去就是几十年，一生中大部分的大好时光在遥远落后的不毛之地度过。老陈说，他还好，看《红楼梦》，写文章，日子也就过了，但对于一个女人，尤其是对一个享受过物质文明的年轻女人来说，那种匮乏和荒凉是极其恐怖的。

老陈就给我们讲他"发配"前的生活。那时，像他这样的文人日子太好过了，有工资有稿费，可以比一般人生活好很多。那时5元钱就可以去上海随便怎样高档的饭店吃大餐了。拿了稿费，就带着女朋友到处吃饭看戏，有时又约了朋友们饭局。稿费老经用的。老陈说。据说，巴金当时一篇千字杂文我们报社给的稿费是60元。而大学毕业多年的知识分子月工资是60元。如果按时下普通白领10000元月工资算，如写篇千字文能有10000元稿费，那日子，想着就美极了。当然，巴金是大家，稿费高些，那一般人打个对折，5000元，也开心煞了。

那天在何为家又说起稿费的话题，何为说再以前稿费更值钱，早前他出了一本书，用稿费买下了这幢房子（陕西南路百盛旁边）呢。我就打量这房子，好像有三四层的样子，我们坐在楼下客堂间，看不到楼上的情况，但能看到前面的园子，不大的，可能更应该称作天井，里面种了很多植物，郁郁葱葱的。何为讲，从前的辰光，他就在亭子间写东西的，有亲近的朋友来也是到亭子间谈天。亭子间小小的，无人打扰，正好能集中精神。我忘了是否问过，我高考那年要我们考生改写的何为先生的文章是否也是在这亭子间写的？我们坐着聊天的功夫，何为的夫人就出门去买了生煎馒头、汤包这些点心回来了。"来吃点心"，何为夫人拿出盘碟碗筷，招呼我们围桌坐定吃点心。想一想，在上海闹市中心的一条僻静弄堂的深处，在晴朗的下午，客堂间虽不甚明亮，但可以感受到窗外闹猛的阳光，它们在天井里碧绿生翠的植物上肆意挥洒，却和客堂间保持着一点谨慎的距离，就像弄堂和马路的关系，马路上极尽繁华而弄堂里却可以鸦雀无声，繁华可以望见而清净也可以尽享。这样的下午，几个人围坐着喝着下午茶，是作者和编辑，又是朋友，谈论着生活，有时是文学，好像很"上海"很"小资"的。现在看到这种场景，会觉得"像煞有介事"，有点不太自然的，和现在这种生活节奏很隔。但那时这就是我们的生活和工作。

现在上海人好像不串门了？当每家每户都有了比以前大得多的客厅时，客人却很少了。谁在家里聊天？饭店茶馆咖啡馆，这些有时也可省略的，干脆就网上聊了。而午后，几个人围坐在某个人的家里，慢慢地聊着天，吃着自家做的或者附近老字号点心店买的点心，看着太阳渐渐西下的从容，在不知不觉间也成了过去。

陈诏和许寅可能成了报社同事偶尔提及的"传说"，可能没有谁再会立下成为他们那样报人的志向。现在是这样说的，不想当元帅的士兵不是好士兵，据说这话是拿破仑说的。我在这里再三用"说"，是为了表示这是我"听"来的，是从各种各样的文章引用里"道听途说"而来。如果这句话真是"名人名言"的话，演绎一下就可推成不想当社长总编的编辑记者不是好编辑好记者，也就是说，现在是想当社长总编辑的才是好编辑好记者。我怎么敢相信？怎么看都有点像手机短信里的段子。西谚说"人类看表象，上帝看心灵"。不管是表象还是心灵总还是逃脱不了一个"看"字，然而心灵确实很重要，一切言语皆由心生，又回到了"听"——声音是一切的开始。那天猛然听到大楼里有人高声齐呼：新大楼，新起点，新生活，新……耶！原来是精神文明办在拍录像，留存作为资料。我想，如果一个人一生中真能体验到哪怕是一次心灵的真理之旅，那也可能是通过声音传递给你的，或许这声音微不足道却以你意想不到的方式，让那神秘的声音通透你的内心改变你，从一些微小细节开始。就像亚马逊丛林里的那只蝴蝶，扇动了一下它美丽的翅膀。然而你看到的或听到的或许并不存在，你看不到的或听不到的才是真实，依然是那只蝴蝶，没人看到它扇动翅膀，也没人听到它翅膀振动的微弱声音，但这只蝴蝶却将真实地引发千里之外的某些事件。

搬迁前的一些日子，电梯里人们在商量哪里去吃饭，趁还没离开，将周边的饭店吃个遍，重温过往。当然被提起次数最多的还是对过的"新旺茶餐厅"，再去感受一下石膏踢花穹顶也好啊。山东路汉口路附近的饭店和现在上海所有地方一样不断地在改换门庭，都很新，还没等老，就又新了。新到不可能成为老朋友，但老朋友是有的。

　　老朋友就是汉口路300号《解放日报》大楼。在这幢被建造得外形似铅笔一样的大楼上班其实也有很多年了，从这里开始我们告别了铅字和蓝大褂，从"写字间"进入高高的有着玻璃幕墙的现代"奥菲斯"；从三四个人的小办公室到几个部门几十个人一个层面的大通间；从黄铜台灯区域性的光晕进入灯火通明一览无余。我曾经在当时的"新"大楼怀过旧，我说"我是在汉口路300号16楼我的办公室里用我记忆的藤蔓去钩沉那些过去了的往日时光。那藤蔓就如盛夏时在我家窗前疯狂蔓延的凌霄花的枝蔓一样伸展，并不时冒出许多橘红色的花骨朵儿"。

　　现在我的橘红色的花骨朵儿恰是汉口路300号。我在一个"遥远"的称作"都市路"的地方，用记忆的藤蔓去钩沉永不会回来的往日时光。那时我写道"在顶楼的咖啡吧里，能看到整个外滩的美丽风景，黄浦江那个异常漂亮的拐弯将浦东的陆家嘴优美地圈了出来，东方明珠、金茂大厦、国际会议中心层层叠叠展尽新上海的风姿，尤其是蜿蜒的黄浦江在阳光下闪现出金色时就更让人感慨万端。所以，有朋友来，我总愿意带他们上到顶楼，对他们说，你看你看，黄浦江多漂亮啊！上海的这种光鲜亮丽是能够与所有的人分享的，每一个人都能理解，他们也说，多漂亮啊"。

这就是上海啊！人民大会堂上海厅的巨大画幅，那个陆家嘴和黄浦江的角度与我们看到的一模一样。我们看到的正是活生生的图画，可现在我们失去她了。我们似乎仅能用记忆去触碰那些我们心中的景色。

前几天，一位接近退休年龄的同事经过 300 号，不知出于一种什么心理，她想进去看看，没想到在这里度过自己几乎所有职业时间的她被保安粗暴地驱赶拒之门外，这位从不高声大气的老派知识女性竟然和保安吵起来，"我能说出大楼里每一处的细节，你能么？你凭什么赶我？"从道理上说，保安不让她进去并没有错，但从情感上说，她想进去看看似乎也没什么错吧。

错在世事变迁？

看到一篇文章写搬迁，一个小孩随着父母搬迁，从小房子搬到大房子，再搬到更大的房子。小孩从没朋友，他没有留恋，对房子也没感觉，到哪里都一样，问他哪里好，他永远说"都一样"。作者感叹孩子的寡情，或者是对于搬迁给孩子造成情感上的困扰表示忧虑。其实，孩子的寡情不在乎说不定正是他对于"居无定所"的抵制吧，也是一种自我保护。

如果我的那位同事生出了这种保护机制，就不会想进去看看，就不会和保安吵起来，就不会坏了自己几十年的淑女形象。我有这种保护机制，就不会絮絮叨叨讲一些过去的事情，如果我能够不去想这些……如果"青山依旧在"，我怎么会开始怀念呢。但改变说不定也是"进化"的一种形式？由此，我判断，怀旧可能是一种病态的不健康的情绪，在这种情绪作用下，人可能会变成九斤老太。

前几天开会，报社两个领导说现在食堂伙食不好，和以前无法比，要提意见促其改进。原来比我们觉悟高多了的领导也会九斤老太？他们也在想念300号大楼的食堂？哇哈哈……其实，再以前的食堂，就是汉口路274

号的食堂才是美味所在啊。在 274 号老新闻报大楼二楼或者三楼的办公室有时能闻到底楼食堂的饭菜香味，饿的时候尤其能闻到那香，如影随形地潜入你的心里，那就越发地饿了，胃兴奋地蠢蠢欲动，催促着你扔下手头的事情奔向食堂。

对于我们的下一代来说，解放食堂的美味几乎代替了"妈妈的手艺"，孩子远在美国，有时视频上聊天，她会突然说，很想念你们食堂的"鞋底板"（一种形状类似鞋底的酥饼）啊。然后细数我们食堂的点心豆沙包肉包菜包老虎脚爪粢饭糕……豆沙包的豆沙，据说配方得之于报社隔壁（福州路上）的杏花楼，故而美味也堪比杏花楼了。这种对于食堂美味的经验，如果不是别人先说出来，我大概也是不太敢说的，好像很没品位，不能将五星饭店各式高级酒楼或者会所私房菜说得头头是道已经很不"IN"了，还对食堂念念不忘，很没有见识的样子。但前些天同事说，她女儿在想念"鞋底板"，哈，真有意思，我们相视而笑，她女儿是去年刚去的美国。我们两位妈妈就一起回忆了孩子的成长历程，发现在我们孩子的成长过程中解放食堂功不可没。醉鸽酱鸭咸鸡鹅膀卤门腔糟鸭舌油爆虾油汆小黄鱼……

纳兰性德说，几点黄花满地秋。我们看不到花，没有这么雅致，但我们的胃知道，鸡鸭鱼肉穿肠过，空留一具皮囊。春夏秋冬也就这般过了。

纳兰性德又叹，人间所事堪惆怅，莫向横塘问旧游。呵呵，读到这里，击节，大声诵读出来，还居然摇头晃脑一番。事后想，迭戈腔调肯定老吓人呃。

晚风吹来欢乐的歌

有点恍若隔世的感觉。

每一天也就这样平淡无奇地度过，一天和另一天并没有多大的差别，又一直居住在同一座城市，做着同一份工作，却突然发现，这座城市变了，好像一下子所有的人都过上了幸福的生活。电视里一个大家都很喜欢的广告是"喜欢上海的理由"，喜欢上海可以有很多很多理由，可能真的有很多人喜欢上海，上海又一次成为一座移民城市，各色人等，五方杂处。在这座城市里，英语和普通话是通行的语言，而上海本地话倒似乎是少数民族的土话了。

　　这种人潮汹涌欣欣向荣的情景，可能很容易让人想起昔日的上海，想起上海曾经的繁华，而那繁华是有些香艳的，酒吧、爵士乐、舞女、少奶奶……那沙哑的"夜上海、夜上海"的歌声，让一种淫靡的意象随风飘舞，夜上海是销金窟是温柔乡的想象也就由此而深入人心，作为一种文学想象而虚构的历史，上海生活的细节也就从此被不厌其烦地描述，不管是旧的还是新的。这样一次一次反复绘声绘色的述说，使叙述者和听者观者都以为过去和现在似乎是没什么区别的，只不过时间走了一圈以后又回到了原来的地方。热衷于怀昔日夜上海之旧的人，好像遗忘了什么，臆想让他们成了洋场阔少、豪门千金，或者其他有权有钱有闲的人物，在那个销金的温柔上海梦死醉生。

　　人们在集体怀旧，张爱玲经常被提起，因为她的那些描写昔日上海的文字。其实，张爱玲有一句名言，用来形容那时的上海倒是非常贴切的，她说，生活是一袭华美的袍，上面爬满了虱子。将"生活"换成"上海"，昔日上海就会被诠释得十分到位。

爬满虱子的华美，也亏她想出来。我想，她是想表现一种复杂，一种纠结在一起难以言说的又对立又密不可分的情境。

我篡改了张爱玲的话，是想说那个上海不是复杂的例外，而是因为复杂，因为难以言说，便充满了可能，也充满想象，在那些过去的或隐或现的事物中，可以捏造各式各样的故事，欢笑和眼泪搅拌在一起并不能说明快乐和悲哀，天堂和地狱也不是离得那么遥远，它们共存于一个空间。只是，乐园并不属于每一个人。

在上海日新月异的日子里，一个偶然的机缘，我得到一本半个世纪前的画册，一本一点都不时髦的画册，它是被某单位图书馆清理掉的，没人再要它了，大概翻它的人从来就很少，借阅记录为零，它破旧黯淡，虽然是精装本，但布面已损，内页发黄，只是红漆书名还依旧鲜艳着，一副朱颜就是不改的样子。

我被书里的地名和照片吸引。书发行于 1952 年 12

月，在整整 50 年后的这个 2002 年的 12 月出现在我的面前，似乎预谋般的，要讲一些与现在时髦的旧上海故事不一样的故事。

这是一本关于土地的画册，1949 年以前上海郊区土地所有者和使用者的情况实录。当然，任何一种叙述都带有叙述者的观点，因此，所谓实录也不可能完全绝对真实地记录历史的真实，但是，相对真实肯定是存在的，撇开叙述者的立场不说，照片和当年的文件总还是事实吧。

曾经有人认为中国封建是北方农村的事，而"江南无封建"，"江南地主文明"，不是吗，像上海这样的地方，那样的繁华，以至于后来人们总是要忍不住回忆过去的好日子，动辄东方巴黎、远东明珠，这应该是当时中国最开化的地方。是的，如果只看现在流行于坊间的时尚读本，你就会由衷赞叹那时的上海，上海的玉叶金枝，上海的雪月风花。有时甚至恨自己为什么不早生几十年，可以亲眼目睹上流阶级的优雅，穿一袭华美的袍，上面爬满看不见的虱子，去赶那一时代的盛宴。

不过，当翻开画册，那些衣衫褴褛的上海人站在画册里，立即让人想起张乐平的三毛，这时你才相信，三毛在旧上海不是一个，是很大很大的一个阶层。照片上，六个十几岁的半大小伙排成一行，他们是站在虹桥的高尔夫球场边上，照片上的说明说他们是球童，这在当时应该是时髦而轻松的新工作，但他们是一式的三毛，大头，鼓腹，芦柴棒一样的四肢。他们的家庭刚刚失去了可以耕作的土地，这些土地成了外国人玩乐的球场。

虹桥现在早就划入市区，那里是我所熟悉的，我早几年曾在虹桥附近住过，现在虹桥地区是上海的高尚住宅区，那里有成片的别墅，又有了高尔夫球场、网球场，以及各种会员制俱乐部。现在如果再找几个在球场边玩耍的小孩来照相，想来是不可能有这种效果的。

有一张照片上的一位老婆婆脸容令人印象深刻，干瘦，满是皱纹的脸，稀疏的发，紧蹙的眉头，下挂的嘴角使嘴巴弯成半圆，像永远在哭的样子，照片下的注解似乎又是一个"白毛女"故事——上海市江桥乡恶霸地主朱敬唐，将农民朱老太的寡媳"非礼"后卖掉，并害死她的孙子，强占了朱老太的房屋和竹园，朱老太只能在一座破祠堂里度过了三十三个年头。照片是朱老太在祠堂门口，另外两张照片上是曾经是她的房子和竹园。但这只是一个轮廓，前因后果究竟如何，无从知晓。

而可以了解的是，地主盘剥农民的手段多样而花俏。有照片为证：地主孙宝善的收租秤每百斤大十四斤，放债秤每百斤小十四斤。上海龙华地区地主孙念祖放债用的小斛，斛内有一木块，每斛小三升……此类照片占据了画册许多个 P，让人不得不感叹，这真是充满"智慧"的盘剥。

有时，财富的积聚过程是残酷的。而当这些有钱人将如此收刮来的财富，到大都会一掷千金时，就造就了大都会的繁华。

繁华下面有无数人的被压榨。

现在来叙述过去的那段历史，其实像虚构的一样，一面是风花雪月，一面是血泪斑斑，你不知道其中到底哪些包含了真理，你也不知道到底站在哪一个立场上才比较相对接近于真实。农民和城市贫民的生活现在已经不被当下的叙述者看见，当下的叙述者看见的是当时的"成功"人士的锦衣玉食。还是这本画册里，确实有相当美丽的照片，地主居顺和的女儿和汉奸张华亭的结婚照就透出优渥生活的从容，如果不了解照片中人物的背景，可能这照片是很可以打动人的。

很长的时间过去了，时间将任何东西都变成虚构的一样，这虚构，改变了事情本身以及它们之间的关系。

又看到电视里 80 岁的百乐门前歌女曾被称作金嗓子的金妮谈当年上海的辉煌，当年百乐门舞厅的弹簧地板，百乐门灯塔的光芒射出一里之外，而等在百乐门外接送主人的车子排到了胶州路、常德路，以及当年盛极一时的汉口路的扬子饭店、茂名南路的法国总会，还有"蔷薇蔷薇处处开"的歌声……

上海市区的版图在不断扩大，在不知不觉中上海人从过去的上海走入了今天的上海，昔日和今时，时光流转，却并不是简单地重拾旧日繁华。画册上出现过的地名，虹桥、龙华、莘庄、真如，现在早就是一派都市景象了，现在还有谁会想起脚下这块土地的真实的历史？现在大家总是只记住美好的过去了。

但当我看到画册后，倒也有一首歌萦绕心头，不是蔷薇蔷薇处处开，而是

月亮在白莲花般的云朵里穿行
晚风吹来一阵阵欢乐的歌声
我们坐在高高的谷堆上面
听妈妈讲那过去的事情……

过去的事情，有很多种不同的讲述。

阅读一张上海地图

有道是"橘生淮南则为橘，生于淮北则为枳"，"一方水土养一方人"，说的都是人或物在规定的情境中只能自成一种特殊性格的原由。因此，当一个人说自己是某某地方的人时，他就与这个地方再也割舍不了关系了。不管这个地方和这个人今后各自怎样变迁，甚至这个人和这个地方从此再不见面，但那种思绪，或者连思绪也不是的混合在你血液中的一种东西还是会将你和那个地方联系起来。这种强有力的联系，这种一个地方所赋予你的意义，应该称作什么呢？家园还是故乡？

当一个人想念故乡时，故乡总是在遥远的时间或者距离的对岸，他已经有了新的地方，所以才想念故地。而如我这样的人，生于斯长于斯，后来又生活在这同一个地方，我能将它称之为故乡么？那么，应该算是家园了吧。但是，我常常又感觉到飘浮的虚弱的不着不落的心无安处。其实，在偌大一个城市里，你确实飘浮在空中，你不可能是那种可以把根深深扎进泥土里的强劲的植物，你只是一只扑楞着翅膀总在寻找栖身的枝条的疲惫的小鸟，土地那么拥挤，甚至于树枝也是那么拥挤，你孜孜矻矻积年累月地劳作，依然还是在找寻那可以寄托的家园。而可能家在远方，也可能此生终不是家园。

　　一个人和一个地方的生死相依可能是生而就有的，但明确意识到这种血肉一般的意义却并不是与生俱来的，它肯定是经过了许多年月的滋养，经过了从不自觉到自觉的漫长的过程。等认识到这些时，往往是这个人已经走过了一段不算太短的路程，并且已经开始回望来路，未来的方向大约正是在来路中。

我们生来就是这座城市的居民，而且并不知道这于我们有什么意义，我们就在这座城市里，在城市的某个街道，在街道的某条弄堂里成长起来。在最初的几年里，我们没有地域的概念，不知道除了我们居住的这个地方以外还会有什么地方，懵里懵懂的我们过得非常快活，我们喝着浦江水，说着上海话，就像呼吸一样地自然和自在。

　　对于我来说，知道上海以外的别的地方，可能是源自那年知青的下乡。那时可真热闹啊，中学生们在大红纸上写决心书，还有写血书的，他们非常指点江山非常激扬文字，令人好不羡慕。但也有人闭门不出，郁郁寡欢，他们以及他们的家里人到处托人找医生开证明，以使自己能够继续留在这座城市。后来他们，不管是激昂的还是被迫的都去了外地。等他们回来，我们才知道，原来我们所居住的城市是多么的了不起啊，能够拥有上海户口简直是世界上最幸福的事了。上海就这样被夸张成了天堂。

　　一点点，我们开始长大起来，开始读书，并从书本上知道了世界有多大，我们不仅了解了自己国家的风物特产省会民族，还能背出许多国家的名称首都出产以及风俗人情。当时的我们除了读书还是读书，古今中外的文学书籍让我们感觉到古今中外是一样的迷人，一样的充满了诱惑，一样的令人流连忘返。然而，我们忽略了现实，现实的差异其实比书本更实在和更具有冲击力。

比如那些年，在经过了高考，经过了知青返城的浪潮以后，不知怎么，上海一下子似乎又从天堂变成了地狱。那时，上海那些幽静的外国领事馆所在的马路，忽然人声鼎沸，甚至在冬天寒风刺骨的长夜里，也有长长的通宵未眠的队伍在等待第二天领馆的开门。这些人像躲避瘟疫一样躲避着这座城市，领到签证的欢天喜地胜利大逃亡，未签出证来的则痛不欲生。那时的上海在有些人眼里就像是一只敝屣，人们弃之惟恐不及，这真让上海人心里不好受。

上海，在我们的感觉里就这样忽起忽落忽上忽下，我们不知道这座城市的真实面目，也不知道它对我们究竟意味着什么，虽然我们与它休戚相关。但那时，这座城市还没有像后来那样经常被人们提起，哪怕是上海人自己，那个记忆中的、张爱玲文学作品中的曾经辉煌的上海还被湮没在一片灰蒙蒙的尘封故纸之间。

今天早晨，我花了很长时间面对一张上海地图，我的目光在红的黄的蓝的绿的紫的色块上游移，这是一些区域，区域间有一些非常熟悉的路名映入眼帘，一些亲切的感觉，一些往事，一些熟人走出地图来活跃着。这地图于我来说是有生命的，我知道至今为止我的大部分时间都在这些马路之间穿行，我的生活与这些街道密不可分，我的那些流失的生命就是消隐在这些马路和街道中的。然而，面对这些色块，我又感觉到了陌生，当目光掠过这一片纵横交错蛛网一般的水泥丛林时，我不知道它对我究竟具有一种什么样的含意，虽然我在这丛林中生长出来，但是我并不拥有什么，我可能会在这些色块中间迁徙，无可选择地选择一个暂居之"家"。最近，家里有一位百岁老人过世了，我们为她送行，如果愿意，她可以回到自己的家乡去——她的所来之处，家乡有土地有房子有祖祠，她是去和家族的先人们团聚的，她回家去了。而我们呢？我不知道百年之后我们的灵魂安寄何方，我们回不到我们的所来之处，我们真的就像一朵被风吹落的杨花，轻轻飘飘，不知何往，更不知所终。可能这就是城市人的命运了，在城市里出生和生活的人们便更有一种匆匆过客的不安定感。那些红黄蓝绿的色块所代表的终究不是我们的归属。

问题就在这儿。

既然这座城市并不是我们的最终归属，那么另外一层意思可能就是我们是自由的了，我们可以随风飘扬，无处是家便处处是家，你可以认为这是城市人的飘零，当然更可以认为这是城市人的洒脱，就像那年，作为没有归属感的洒脱的年轻的城市人，我离开了上海，没有惜别，只挥一挥衣袖，便远走他城。

天高云淡，微风送爽，没有负累的心情特别轻快，我想，融入另外一个城市对于惯于在城市生活的人来说，并不是一件难事。可没有想到的是，自从离开了上海，我却成了一个真正的上海人，到哪儿似乎身上都贴着上海人的标签，到哪儿大家都说：她是上海人。这时我才真正知道自己是上海人。上海人就是与别的地方的人不一样，不管你自己怎么表现，所有关于上海人的说法都必须一一在你身上兑现——精明实惠讲求效率世俗化西化——在非上海人看来，上海人是近于神秘的，他们想了解你，但又怕一跟你接触就被你占了便宜去。起先的一段日子实在很别扭，那时我只是作为一个上海人的概念存在着，我似乎代表着全体上海人，以后慢慢的我才逐渐成为个体，成为"这一个"，然而，除了个体和个体之间的差异外，确实也存在着一个地方的人与另一个地方的人的差异，这些差异早就成为地域文化学者的研究对象。这时，我想起了"橘"和"枳"的故事，这时我有一点点知道你不是凭空长出来的，虽然你没有深深扎进泥土的强壮的根须，但是你无法逃避的却是生长的氛围和空气。即使你是一只鸟儿，你也是吃着这城里的食儿长大的属于这个城市的鸟儿，培育你的就是这座城市。正如你生来就与自己的父母血肉相连一样，这座城市对你来说，便也有了类似土地的感觉。

于是，在不在这座城市的那些日子里，你除了经常想念自己的亲人朋友以外，也常常想念自己的城市，甚至想念城市里春天的竹笋，"腌笃鲜"的美味令人魂牵梦萦，还想念那些冬天经过霜打的青菜，想念街道旁边朴实的小食店里的生煎馒头和小笼包子……所有抽象的东西一下子具体到衣食住行上来了，它们又一次提醒你，你应该归属于这一座城市。

有时看一些旅外华人的作品，比如有一位叫丛苏的作家有一本小说是《中国人》，还有一本杂文集是《生气吧，中国人》，她在美国几十年了，就是拼命写关于中国人的书；还有时是住在国外的亲朋回来，他们总是非常自觉地意识自己是中国人，一说起中国和中国人他们便非常激动，好像全世界只有他们才最爱国，最关心中国人的事，只有他们才对中国和中国人的事最有发言权，住在国内的人就忍不住要讥讽他们，既然你们那么爱国，你们为什么不回来与祖国共患难呢？其实，旅外华人的这种情绪是可以理解的，记得一位诗人说过，在中国，你仅是七万万分之一的中国，可当你不在中国，你便成为全部的中国，鸦片战争以来，所有的国耻全部贴在你脸上。是的，当你面对外国人时，你对于自己是中国人的意识才会越加分明，当你离开了原乡母土，原乡母土所给予你的和在你身上烙下的印记才更加鲜亮，当你离开了那个生你养你的地方，你才会感觉到对于那个地方的强烈的归属感。

但是，当你从异地回来，你又成了几万万分之一，或者几千万分之一，当你没有差异作为比照时，你与这个地方的联系便被隐藏起来了，你会发现，在同你一样的人群中你是孤独的，你觉得你丧失了所有的特征，你自己便消失了。因此，你想象着将自己找出来，你重提话头，你想找出你在这个地方所拥有的东西，以便证明你的确实存在，然而你却发现，在这个你从中生长出来的地方，你并不拥有什么——没有物证——如果有的话，只是一些回忆，一些流失的时光，以及和这些回忆和时光在一起的感觉。感觉是多么虚无缥缈啊，真的，它就跟随着我们而去了，它不会留存下来，还是那个疑惑，到那时候，我们归于何处？我们凭什么找到来时路？

而生活依然在你面前伸展，你还是在各种颜色的块面之间奔走，你在这张错综复杂的网络里穿行得非常驾轻就熟，即使有时你会找不到自己。有谁知道呢，经常发现自己的人会不会是一种痛苦，就像平时你根本不去想自己的胃在哪里，只有当它痛起来，你才会注意到它。

　　其实，总是从个人的角度去寻找自己是有些过于狭窄的，比如说上海，作为一个上海人，你想了解自己，就必须先了解上海，了解所有曾经在这座城市生活过的上海人。大概这也是一段时间来关于上海的话题一再被提起的缘故吧。确实，近代开始上海成了中国最具有个性的城市，它向来能够开风气之先，当它作为镶饰在老式长袍四周的新式花边上的明珠以后，它以惊人的速度繁荣起来，一时间，"香车宝马日纷纷，如此繁华古未闻，一入夷场官不禁，楼头有女尽如云"。到了20世纪30至40年代，上海发展到了巅峰，而张爱玲又将这一时期极尽繁华的上海文学化了，将上海人规定在那样几本书中。

不过，沧海桑田，无论有多少关于上海人的经典，后来的上海毕竟还是不同了，你看到那么多人在熙来攘往，城市在无限扩展，那些曾经有过的辉煌——老店新开或者新品复古，一些舶来品和舶来语，你不知道自己是否进入了时间隧道。然而，那曾经确确实实留有我们足迹的街道、弄堂却越来越少了，在感情上你留恋故物，在理智上你当然知道过去的总是过去了，你要为现在和将来着想。就像你对自己用过的东西存有感情，试图保存起来，而最终不得不舍弃一样。

新的道路新的楼房新的生活在原有的地方重新建立起来了，你也重新有了希望，你将目光投向那一片辽阔的未来之海，站在这里——现在，你觉得自己——一个人，是微不足道的，这座城市，是由许许多多熙熙攘攘的人所组成的，你只是其中的一分子，你会像以前所有的人一样，来了又走了，就如同细胞的新陈代谢，你作为一个细胞完成了自己的生命，也就可以消失得无影无踪。

因此，现在，你可以拥有过去、记忆、往事，你还可以拥有对未来的企望和梦想，你可以拥有一切你知觉得到的东西，但你不可能拥有其他的，这一切随你来而来，也随你去而去，在你知觉着的时候，你应该归属于这座城市，而一旦离去，你便飘零。

飘零也好。至少，我们曾经归属于这个地方，我们的生命也就与这个地方有了割舍不断的千丝万缕的联系。至少，目前来说，我们在这座城市里有一个暂居之家，每天当我们在尘土飞扬的街道上奔波劳累的时候，心中有一扇亮着温馨的灯火守望着我们的窗户。

不管这座城市怎样潮涨潮落。

美丽的红绿白

不知道什么时候起圣诞这么热闹起来。还没到时候嘛，就已经有那么一点气氛了。连新闻都与圣诞有了联系。"对于刚转会到丰田车队的小舒马赫和特鲁利来说，今年的圣诞节他们将得到一件特殊的礼物——下赛季的新赛车丰田 TF105。丰田车队打算在 12 月底展示新车。"TF105 是车队技术总监加斯科因从雷诺车队来到丰田后第一辆亲手设计的赛车，将于圣诞节前后完成制造。在下一年的 1 月初，小舒马赫和特鲁利就能驾驶新赛车进行充分备战。

47

由于 F1 赛车的移师上海，上海人也有眼福看到世界顶级的赛车比赛了，著名赛车手的圣诞礼物早早地成了大家茶余饭后赏玩的对象，当然也是艳羡而已。只是因为他们，而将浓浓的另外一种文化的氛围带了过来，但好像现在大家也将这些事看得很平常，也就是看过听过罢了，还有就是对新赛车丰田 TF105 的好奇，难道赛车发展至今还有得改进？怎么得了！那车已不是车了，似乎想飞，事实也是，当车真的跑起来时，在电视的特写镜头里可以看到赛车的轮子离开了地面，但又不是飞机，是不是怪物啊。但，速度，速度！除了速度，在车队那些人眼里好像没有别的。记得看过一个电影，是讲法拉利家族故事的，电影将法拉利跑车的发展一点一点呈现出来，那种孜孜不倦，那种几代人的呕心沥血，非常感人，因此我知道汽车就是这样由一点一点的改进，甚至有人为之献出生命而发展至今的，在我的想象里，已经不可能有比现在的赛车再快的车了，可居然还是可以改进的，就是说还可以再快。想起了那个口号，更快，更高……

大概也只有速度两个字可以形容对于世事变幻的感受了。同样是圣诞节，现在和那时就非常不同，过圣诞节的人，也因时移事易而有了不同的心情。

　　有时想想，上海其实是个非常奇怪的地方，照理说，那一场"大革命"应该是很彻底地革除了封建的（传统的）资产阶级的（西化的）修正主义的东西的。但在许多细节上，在民间却渗透着一些什么，有时在不知不觉间就会冒出来。比如在大家都过着艰苦朴素的日子的时候，在外婆的箱底里会发现几件颜色鲜艳的绸缎旗袍；偶尔会在不太用的一大堆碗碟中找到几个未被砸烂的描金仕女盘；或者在私下里，几个年轻人紧闭门窗，围着老唱机听被称作靡靡之音的老唱片；那时，市场上没有鲜切花卖的，但在许多人家里却有看似完全无用的插花用的花瓶；有些人家里还保持着吃西餐的习惯，虽然可能原料不好买——在物质最贫乏的时候，上海还留了那么几家西餐馆：红房子、德大、东海、凯司令、淮海西餐社以及天鹅阁，天鹅阁是葡国风味的，那里做的葡国鸡味道极正宗，一般日子还算过得去的市民会在某些日子去西餐馆点上猪排或鱼排、色拉、浓汤等度过一段似乎有点异样的时光。在家里，有些人也会营造一点气氛的，记得有一次去同学家，同学的母亲将新鲜的柠檬切成片做柠檬红茶给我们喝，那时市场上哪有如今那么多花样翻新的饮料？因而那柠檬红茶就是很特殊的了……我是想说，过圣诞节，是在这样一个基础上的——

考上大学那一年的寒假，我们第一次大张旗鼓地过圣诞节。在那以前，圣诞是不可以明目张胆过的，也可能有人连有圣诞这样一个西方人的节日也不甚了了。那个时候，高考刚恢复不久，事实上所有的事物都在复苏之中，包括过这个西方人的节日。我们正好赶上了时候，也引领了一次时尚的风气。

记得那天好像突然降温，有些冷，临出门的时候母亲提醒我要加件衣服，我没听母亲的，觉得多穿了衣服会显得臃肿不好看，就穿了薄呢子大衣出门，到了街上才知道自己错了，真的很冷，街上也没什么人，更感觉那风像刀子一样。好在是十几个同学聚到了一起，有能说笑的，说还冷得不够，下雪才好呢，那样才像圣诞节的样子，不然，圣诞老人的雪橇可过不来。哪里来的圣诞老人？街上除了我们这些发疯的年轻人就真的没什么人了，街景也不如现在这样到处都是背景灯光的热闹，那时泛光灯可能还没有发明，仅有很少的霓虹灯，也和圣诞无关。与平时的每个日子一样，但我却清晰地记住了那一天。

我们说好是到红房子吃大餐，预先订了位的。一大群人带着街上的冷风热热闹闹地涌入红房子时，才发现这里到底是不一样，与外面形成强烈反差，温暖的灯光下有圣诞树，树上有漂亮的小礼品，盘旋树上的还有一闪一闪的装饰灯，在辉煌灯光下一张足可以坐得下我们十几个人的大餐桌上已放好了餐具，那些刀叉在一闪一闪的灯光下正熠熠生辉。坐在西餐桌边，但并没有温文尔雅轻声细语，我们很兴奋地高声喧哗，不知道为什么，就是那么兴奋。葡萄酒（现在该称红酒了）悄无声息地喝完了，火鸡也很快被一啖而光，虽说那肉枯燥无味，但好像气氛会改变食品的味道，大家认定这里的圣诞大餐是最好的。我们的形式也很超前，AA 制，吃完了，乐完了，大家在大街上告别，挥一挥衣袖，就各奔东西。想起来，从那一次以后，许多同学就杳无音讯，再也没有见过。有时想，他们可能在世界的某个地方过着真正的圣诞节呢。

后来，过圣诞节就越来越风行起来。圣诞节这天的大街也越来越热闹，几乎每家店都有圣诞老人笑眯眯地迎客，店堂布置也竭尽所能，雪橇啊、驯鹿啊、雪花啊、圣诞花啊，该有的都有了。而我倒好像不再有过圣诞的兴致，孩子小的时候给她讲讲圣诞的故事，送她礼物，等她问我"圣诞老人是什么时候来的"，我可以骗她，"从窗户里进来的"，因为我们家没有烟囱，只能说是窗户，等她大一点，知道礼物都是我送的以后，大家也就觉得没什么意思，就真的对圣诞麻木了。除了好玩，圣诞其实和我们没什么关系，不是我们血液中自己的节日，新鲜劲过了也就过了。

圣诞是商家最起劲的时候，可以作商品的大倾销，每年的这一刻，商家笑得最响。西风东渐，现在春节也成了商家笑得最响的时节。但不管商家，春节是我们自己的节日，每年总还有所想望。

不过，现在有时还会被迫过圣诞，圣诞的时候，在国外的亲戚朋友放假回来了，他们过节，我们也就陪同过节了。

地球已这么小，交流也很多，有时感觉东西方已越走越近，但最终，差异还是在血液里。就像虽然 F1 赛车已移师上海比赛，但中国还没有自己的车队，现正打算与美洲虎车队谈判，而英国乔丹车队也意欲出售，一旦中国买下了其中一个车队，就意味着 F1 赛道上将出现一支中国车队。但是真的中国车队吗？那种速度，无止境的速度，至少目前来看，中国人与之还是有距离的。

上海之妖

    本来想说上海之腰，就是外滩黄浦江那个优美无比的弯曲，她恰到好处地画出了上海的曲线，像上海的一握柳腰，该丰腴的丰腴，该苗条的苗条，增一分太多，减一分则太少，她是那样灵动地以这一弯来表现上海的万种风情，妩媚死了。写下来的时候，发现腰哪有妖漂亮，腰只是一个部位，但妖，那是精气神，是一种只可意会不可言传的情韵、意态，你要说这一弯是上海的灵魂，也完全不为过。

    上海的这一弯其实是与生俱来的，可说老实话，我从来没有发现她像现在这样美得令人惊讶。黄浦江一直是上海的骄傲，关于黄浦江的故事，大概就可看作是上海的历史了。记得很多年以前的那个物质贫困时代，所有的包，包括旅行包、拎包之类上一律印着外白渡桥后衬上海大厦的经典图形，包是人造革的，黑的或灰的，但图案永远是白的外白渡桥，是外滩，还有两个也是白色的大字"上海"，这就是上海。北京的标志是北京火车站，也印在包上，再印上"北京"，也是用白色。

那时我并没觉得印在包上的外滩是美的，我甚至觉得恶俗，对那种图案提不起兴致。但出门谁都得提着那种包，没有别的选择。这外滩就被大家拎在手里，满世界乱晃，实在是腻味得很。有时经过外白渡桥，看那熟悉的形状，感觉比图案上好多了，至少有生气，桥上车来人往的。那时的外滩得从浦东那头往浦西看才够漂亮，如果家里来了外地客人，我们会带他们坐摆渡轮先从浦西到浦东，在摆渡轮渐渐离岸以后，在船上看外滩，所谓的万国博物馆才尽收眼帘。而我对于那个塑料的上有绿色船锚的小小摆渡筹码记忆犹深，那是我们横渡黄浦江的凭借，记得是六分钱一枚，可以一个来回。

这次到外地被人问起，外滩的情人墙如何了，才想起外滩还曾经有过那么无奈的浪漫史，想那时一对挨着一对趴在围墙上的情人，能看到什么呢？对面一片黑乎乎的。然后那么壮观的情人墙竟在不知不觉间轰然倒塌，可能正是从那时开始，外滩被重新装扮。

仿佛是突然间的事，某一日，我站在我们办公楼的顶层咖啡厅，望向外滩，那一弯就在眼前蜿蜒，在阳光下有一种飘飘忽忽舞动起来的感觉，对面小陆家嘴不知何时耸立起了那么多个性鲜明的建筑，一下子竟有点认不出来，这外滩和我以前习惯了的外滩大不一样了啊。

但在高架上最能看出外滩的妖娆来，延安路高架在外滩下时的那个左拐与黄浦江的右拐正好擦肩而过，形成 X 形，当车子飞驰而下时，江面上可能正有一艘轮船鸣着汽笛缓缓驶过，我们交会，然后错开，然后就看见那个无比优美的弧线在眼前伸展开去，离得那么近，却又一闪而过，只有惊鸿一瞥。为了这样的惊艳，我上班就绕一点路，本来可以从西藏路下，想看她的时候就从外滩下，让自己感受一次心动。她淡妆，她浓抹，她如何千姿百态，总也在我的眼里。这也算是亲芳泽之一种吧？

上海的一个夜晚

　　差不多 9 点的时候，属于 MANDY'S 的那个并不是很大的花园开始陆陆续续地进来一些人，约好了似的，都静静地不事喧哗地找到各自感觉舒适的地方坐下——桌椅是铸铁镂空雕花很复古的那种样子，漆成黑的或者白的，在 4 月里稍稍有些热的时候，坐在这样的椅子上，将手肘搁在面前的桌子上，一丝几乎无法感觉的清凉就令你不由自主地熨帖起来。

　　这种悄悄的不作声张，就像 MANDY'S 的招牌一样，毫不炫耀，那招牌小小的一个菱形，安装在暗红色的门框左上方，它的亮度，刚刚够看清楚上面的英文字母，然后，几个小小的欧式路灯勾勒出建筑的轮廓，克制的泛光灯淡淡地投一些绿色在墙上，而暗红色的窗户里透出几缕橘黄色的类似烛光的灯光，灯光下，人影幢幢，金色、栗色或者褐色的头发会在那样的光亮下泛出一些别样的颜色。令人迷惑的颜色。一种异国情调。

应该这样说，MANDY'S 有两个门，一个是刚刚提到的暗红色门框的玻璃门，进到里面，是大拐角吧台，喜欢坐在吧台边的大都是很放松很随意的老外，面带微笑或一脸严肃地和吧台里非常年轻的长发小姐说着什么，再里面是一些铺着淡雅桌布的方桌，很温馨的样子，扎堆儿一起来的年轻人则大都围桌而坐，而旁边有一扇门，下几级台阶可以通往花园——当然花园有一扇直接面对街道的大铸铁门，那就是另一扇门了——刚刚那些人便是由这扇门进来的，因为天气的缘故，坐在花园里的人还真不少。隐隐的有暗香浮动。

Kitty 双手捧着一个差不多有啤酒瓶那么大的杯子喝不加冰的黑啤，她望着被高大的树挡住视线的铁栅栏外的一个什么地方，好像是 15 路电车站，她似乎听见了叮叮当当有轨电车驶过的声音———一种幻觉，她摇摇头，试图听旁边 Tony 的绕口令一样的笑话。Tony 说前两天他和妻子 Lucy 在襄阳南路遇见 Walter，Walter 身边有位 Modem 女郎，Walter 十分尴尬，Walter 为了摆脱尴尬只得将女郎介绍给 Tony 和 Lucy……周围人都哈哈大笑起来，Kitty 没有笑，她觉得莫名其妙，有这么好笑吗？她突然想起来，襄阳南路以前叫拉都路，而面前的这条衡山路，以前则是贝当路，贝当路上自己坐的地方的斜对面有很著名的毕卡地公寓，现在的衡山宾馆，沿途一路灯红酒绿，有时真的会让人疑真疑幻的呢。

Lucy 问 Kitty 是不是在想 Lover，一个人愣着干什么？Kitty 没有回答，Kitty 真的只是有点时空倒错的混乱感觉，她实在地知道自己现在坐在宋家花园里，隔壁是爱庐，现在也很热闹，爱庐成了英国人开的 Sasha's 酒吧餐厅，再拐过去有"席家花园"和"杨家厨房"……

21 世纪第一个春天的 4 月，Kitty 举着那个硕大的啤酒杯好像进入时间隧道回到一个世纪前……当然也有些东西让她想到，自己毕竟是 21 世纪的人了，比方说这个啤酒杯，这样喝法总是很不淑女的，还有现在的时尚不像那时的浓妆艳抹，现在讲究的是"做"得自然，最关键的是，从内心里说，她一点也不认可作为 Kitty 的自己，因为十年以前，她根本就不知道有宋家花园、爱庐、席家花园这一类地方，不知道自己会跟 Kitty 这样的洋名有什么瓜葛，更不知道还有起着洋名的中国人在外国人中游刃有余。变化真大啊！一样的，上世纪初女人从缠足到天足而穿高跟鞋，大概也只用了十来年时间吧。十年，竟可以沧海桑田！

Kitty、Tony、Lucy、Walter 都是年轻人，他们到底是喜欢这样的生活的。

Kitty 本名何怡红。

Tony 本名吴雄。

Lucy 本名李锦娟。

Walter 本名章勇。

11 点多的时候，Tony 提议吃点东西，于是他们点了意大利浓汤、焗田螺、蔬菜色拉和美国肉眼牛排……吃着，Kitty 隐约听到远处飘来的 JAZZ 味的歌声——I love paris in the spring time——Kitty 又有了摇摆和晃动起来的感觉，整个花园和那些密密丛丛的树叶也似乎摇摆和抖动得窸窸窣窣了……

12 点多，Lucy 扶着有微微醉意的 Kitty 的手臂在街上拦车。此时街上华灯竞彩，春的 4 月的上海才刚刚迎来她自己的夜晚……

拐角咖啡馆

　　故事发生在街道上，一辆大巴士尾部冒着黑烟，柴油机（？）发出的声响掩盖了梧桐树叶飘落在地的沙沙声，Kitty 抬头看着那些无声而却执意地散落下来的有着令人怜爱形象的树叶，心微微作痛，她想，冬天好像真的快要来了——等到树叶掉得差不多的时候。其实她没有如其他人那样喜欢将自然与自己联系起来，做"悲秋"，她甚至一点都没有想过自己的形态，在未来的某个时段里可能也会像这些树叶一样，她的心痛完全就是为了那些飘飘洒洒的树叶，当意识到这一点，她又为自己能够为生命忧伤而感动。

　　街上的人如木偶一样匆匆闪过，面目不清，了无生气，只有闪烁着晶亮光彩的大玻璃橱窗是充满活力的，当然色彩和亮度都不足于眩目。这一带的街面是 Kitty 所喜欢的，不是前卫到另类的那一种，也不是大牌到大众烂熟于胸的，它们有些来历，却也懂得节制，刚刚好是 Kitty 的品位。走在这样的街上，冬天将临也不是什么烦恼的事了。

　　再往前走，就到了那个拐角，拐角的形状在 Kitty 看来是非常优雅的，在这个拐角上有一家咖啡馆，她总是在那里度过自己的闲暇时光。需要说明的是，Kitty 不知从哪一天开始就再也离不开咖啡馆了，有时就好像与生俱来一样，她不在家里就在咖啡馆里，不在咖啡馆里就在去咖啡馆的路上，而去咖啡馆的路，也被 Kitty 走得情调不已。

　　Kitty 推开那家咖啡馆的门，咖啡的香味就无孔不入地裹挟而来，她的出现似乎没有引起任何人的注意，所有的人都继续着自己的喁喁私语，只有着黑色西装背心的侍应悄无声息地已经站在她的座位前。要知道，她是在一个超大的城市里，没有一个人会关心与己无关的人，就这一点让 Kitty 有些遗憾，其实当她走进咖啡馆的时候，她是希望自己能感应那个著名火车站的。那是一个可以开始故事的地方。不过也没关系，谁说城市的街边咖啡馆就不能开始故事？Kitty 的故事就将从这里开始。更何况咖啡馆的氛围总也还是让人踏实的。Kitty 今天对自己的情绪比较满意，因此像犒劳小孩子一样犒劳自己甜到有些腻的拿铁，而不是往常那样的不加糖的卡布基诺。

不一会儿，Kitty 的面前坐了一位与 Kitty 年龄相仿的男士——不要以为令人 exciting 的恋爱故事即将演出，没有，可惜的是那男士是她丈夫——其实 Kitty 是有些爱（咖啡）馆如家的。

丈夫突然说，我们要个孩子吧。

Kitty 说，不。Kitty 心里知道孩子肯定是目前这种生活状态的破坏者，她还知道刚刚伤悼树叶的生命与制造人的新生命是无关的。生命这种东西让它就停留在纸面上，对 Kitty 来说，这反而有一种安全感。

就像这篇卡尔维诺式故事开端的模仿，很安全而又有点好奇地开始了 Kitty 未来的故事。

Kitty 从卡尔维诺开始走入了村上春树，她说不的时候，不知想没想到，这个冬天过后，在 4 月里一个晴朗的早晨，在上海的一条小弄堂里，她将和一位男孩擦肩而过？

女 红

　　某日，走在复兴路上，见一家小店，清清爽爽的玻璃门面，透过玻璃可以看到架子上是各色鲜艳的绒线。这家店引起我的注意是因为它与周围的店有着很强的反差——它几乎是不事修饰的，但感觉干净。同时我也有些奇怪，恒源祥的许多柜台都已卖羊毛衫了，还有人卖绒线？这样古老的行业占着寸土寸金的地盘，能挣钱吗？

　　我们拥有被现在的生活训练得很会计算的脑子，最好是最小的投入，有最大的产出。一面在算计着店面租金、人员成本之类，一面推门进去，店堂内坐着几个女人，围着一张茶几，松松落落的，各自的姿态似乎都非常舒适，人手一件"绒线生活"，手指飞速地运动，嘴上却是闲闲的家常，见人进来，也不招呼，由你在店内环顾。这时你会有一种误入别人客厅的感觉，好像自己是个多余的人，当然，在环顾的时候，你才确定了自己顾客的角色，因为在周边椅子、藤篮之类的"家具"上挂着、搭着、放着、搁着的成品"绒线生活"上都有价格标签，终究还是一家店啊。"客厅"中的一位女主人终于撂下其余的人对顾客说，这里所有的东西都是单件，没有重复的。顾客说，我知道，已经看出来了。

顾客自然什么也没买，退出来的时候只是心动于这种谋生方式，或者是生活方式。还是不知道这店是否能赚，也可能谋生总是艰辛的吧，但这样一个过程却让人不胜羡慕，现在谁可以有这种聊聊家常、结结绒线度过一天的奢侈？看一根线如何缓慢地变成一件织物。这织物的纤维和缝隙中都挤满了时间、时间，还有女人的家常或者心事，似乎时间并不是那样紧迫的必须去追赶的东西，时间可以任意地流淌的，日出日落，花开花谢，也是一种自然状态，与时间无关。

前几天在报纸上看到苏州的点心师傅到上海来做赤豆糖粥，那师傅说，这粥就是要一味一味地下料，要文火慢慢熬，熬上一整夜，并要不停地搅和，不然粥会粘锅底，这粥吃的就是工夫啊。想想也是好吃的。现在谁会为了吃这样一口粥去花一整夜时间熬粥呢？

但是，但凡是称得上好的东西，都是要人花时间和心思的。有位朋友会做菜，听她说怎么做菜就很费时间的，且看一道叫红酒西洋梨的西点的做法：取梨，去皮留柄，在梨柄的另一端开口，掏空梨核。备一个橙子，肉榨汁，皮切少许细丝备用。另需红酒一瓶，君度酒一盎司。小锅内放入梨子，倒红酒，加白糖，再加入橙汁及橙子皮细丝，煮开，用小火炖二十分钟到半小时。梨子勿出锅浸在汤汁中，等候它慢慢冷却、入味。两小时后再取出梨子沥干，同时用中火熬剩下的汤汁，收汁完成前一分钟，加一盎司君度酒。置于漂亮盘碟中的梨子上，淋上汤汁。在漫长的三小时后，总算做好了一个梨。

一道一道工序，一丝不苟地完成，只是为了一只梨子。梨子有这么重要吗？可能是因为这个梨子注入了制作者许多的心思才变得那么可爱了吧。据说这是个很享受的过程。

有时会动动念头，是否买点绒线来织，让时间变得像绒线一样漫长。时间的长短大概是可以在自己手中掌握的。但终于没有去实现。

出发抑或抵达

我相信世界犹如相信一朵雏菊,
因为我看见了它。但我没有思考它,
因为去思考,便是去迷惑。
世界造出来并不是为了我们去思考它
（去思考就是去拥有不良的目光）
而是去看它,去与它相一致。

——费尔南多·佩索阿的异名作者卡埃罗（葡萄牙）

如果突然有人问你，马跑起来的时候是哪条腿先落地的？你能说得出来吗？我想大多数人会被问愣的。当然，细思之，才会想起来，好像是 X 形的，也就是左前右后，或者右前左后，但究竟是左先还是右先？这就像问你，你走路时先迈左腿还是右腿？你每天都走路，但我想你确乎无法回答先迈的哪条腿。不过你也可以回答，马两腿同时落地，那是它们在跳跃的时候。这样的回答有点为答题而答题，强词夺理，肯定拿不到高分的。

我们的人生充满了这样的题目。从小到大，不断被拷问，据说这就是教育。将原先好好地自然安然存在在那里的事物按人的意志梳理一遍，甲乙丙丁戊己庚辛壬癸，并给它们各式的命名，便于识别和记忆，学生们则照本宣科。然后，被打了分盖了戳地一个个送到社会上去，继续接受各种拷问。据说被培训了那么多年的精英们最不怕拷问的。

我发现写作很像是在机场，从一个点出发，可能可以去无数地方。刚刚我是想写写上海的机场的，我想说上海的机场，不管是虹桥还是浦东，我都很熟。从机场怎会想到奔驰的马匹以及关于马的拷问呢？相关点可能很多，速度、远方，或者理性、标识？还或者是，机场本来是人们出发和抵达的地方，这是它的自然属性，突然要写起来，就要将它从原本自然的状态中抽离出来，仔细观察，并给它描画面目。但经我描摹的面目，和它原先的自然早已不是一回事了。这大概就是费尔南多·佩索阿要求我们"去看它，去与它相一致"的缘由。是的，我们不可能还原机场的本来面目。虽然，无数次，我拎着行李就出发，然后再是抵达；虽然每一次也不是全无用心，比如出发时，如果坐在舷窗边，会看着窗外的景物一点一点从近景切换成远景，再从远景变成模糊的一片城市掠影。随着飞机的升空，在掠影和飞机之间大团大朵大片成群结队的云朵跻身进来，过一会会，掠影也不见了，腾云驾雾的我们飞向另一个所在。或者抵达时，情形相反。飞机下降，将浓浓的云层挤压成薄片，薄片越来越薄，一点一点变得透明，随后就看到了城市掠影，并且掠影逐渐放大，最终成为远景，那些道路、河流、屋舍，以及那些熟悉的气氛开始变为近景，接着，感觉着起落架的着地。于是，飞机在机场跑道上滑行起来。

虽然出门次数不少，但每次抵达，总还是有着不能抑制的欣喜。抵达总是让人心安。我想，我是一个偏安一隅的人，喜欢抵达多过喜欢出发。但我也知道，没有出发，哪有抵达呢。这是被教育的结果，一旦遇上这样的情况就会不由自主地想"出发抑或抵达"？出发和抵达是一对儿，所谓的相对而言。

我是想说，机场，对我而言，就像雏菊对于费尔南多·佩索阿，我看到了，我在那儿，我从那儿出发和抵达。仅此而已。

然而，费尔南多·佩索阿一定要那样地写一朵雏菊，其实是他不由自主地想了，思考了，他逃不脱作为一个人，一个爱思索的人的命运，虽然上帝会发笑。于是他迷惑了。于是，我也迷惑了。我们知道世界制造出来并不是为了我们去思考它，然而我们无法避免地拥有了不良的目光。

去浦东国际机场的路被修得平整而宽阔，可以一路120 码驰骋，这在市区的高架路上是不可能的，限速 80

码，不要说限速，就算不限，你能跑快了？那个堵啊。而去机场却可以跑，和市区比起来，那叫飞驰。不过快进机场时却不能再跑了，限速60码，这么好的路况只能开60码？心痒痒啊，但没办法，什么叫守法公民？我这样的就是，让开多少码就开多少码。后来听说快到机场有段路是事故高发段，多半是晚上，因为感觉路况好，有的司机爱开快车，结果却出事了。庆幸着自己的守法。然后让车子驶入停车场，也知道哪个车位离电梯近。进入电梯方向明确，三层出发，二层抵达。根据自己的需要，按三层，或者二层。如果按二层，那是去接抵达的人。如果是自己抵达，应该是从二层下到底层。

其实机场的存在是现代人思考的结果。一切都按部就班，严丝合缝。你看出发大厅，偌大的厅堂，完全不会乱，ABCDEFGHIJ……划好了区域，哪个航空公司在哪个区域也明示着，按图索骥就是了。这种命名实乃必须，标识明确，识别也就方便。在那么多人闹哄哄的大厅里却不感觉混乱，而且奇怪的是比在任何地方都知道自己的方位。拿到登机牌就知道到哪个登机口去等待。

在等待出发的时段里不会疑惑我是谁，我从哪里来，我要到哪里去的问题。完全不必费心。因为尽管你明了自己的方向，但你也知道，在这里，你是"过客"，你只是借这个地方停留一会儿，然后，登机，飞向蓝天，到另一个地方再作匆忙的停留，不思量。

近来大学同学建立了微信群，倒是说起上世纪70年代末80年代初同学们演过鲁迅的《过客》。演小女孩的同学现在在纽约，说起这些恍如隔世，有着时间和空间的间隔，她正好有了一个可以用来审美的距离，她天天说啊说，似乎不把我们捉回去绝不罢休。但我想问她，你真的还记得"过客"是什么意思？而我记得疲惫困顿的过客向老翁讨水喝时正是夕阳西下的傍晚，在杂树瓦砾和荒凉破败似路非路的路边土屋前，老翁问了他三个问题：你是谁？你从哪里来？你到哪里去？有意思的是，这是一个哲人的问题，追问的是人的存在，人类的家园与归宿，生存的目的与意义，以及终极关怀，还有人存在的依据。"我不知道。从我还能记得的时候起，我就只一个人。我不知道我本来叫什么。我一路走，有时人们也随便称呼我，各式各样地，我也记不清楚了，况且相同的称呼也没有听到过第二回。"以当时的年轻，怎么可能理解鲁迅作品的深刻以及那又浓又深怎样也化解不开的孤寂和愤懑？而当我们有理解可能的时候，还有谁愿意进入那样一个深邃幽暗不鞭挞不挣扎不足以透气的所在？大家只是想远行，或者曰：旅行。旅行是一种时尚。而其实，就如海子说的，"远方除了遥远一无所有"。

在出发大厅或者登机口，我没有成为哲人。这个"过客"不是那个《过客》。但，谁又能说一定不是呢？说不定每个旅人都是哲人？不然为什么那么多人行色匆匆？我疑惑地看着每个人，可能面目模糊，但，他（她）是谁？他（她）从哪里来？他（她）要到哪里去？他（她）有着什么样的故事？真是让人费猜测。

在机场里，每一个人就是一条航线，他们从自己出发，而后又抵达自己。那无数条航线在空中延伸，延伸向远方。真的，有那么多人希冀着远方，为到远方去兴奋着、期盼着、踊跃着。不知为什么，这里一下就涌来了那么多人，那些经由此地而欲飞往远方的人，或者飞倦了欲图抵达的人。这个叫祝桥镇的地方原本只是农田，一望无际的农田，江南滨海的良田呵。那时，这些人在哪里呢？在这里成为机场以前，这些人和这个地方不可能如此频繁地相遇。那时，如果有人有幸能到这里来，那也是一场真正意义上的远足。这里本身就是远方。

某年某月某日，这里被划作建造机场的地块。堪舆过吗？虽然我们不迷信，但，这应该不算迷信吧。传说上海市内造南北高架桥至延安路成都路时，怎样也打不下桩去，后来请了高人来看过后，面授机宜，说是如此如此这般这般，于是桩打下去了，而后那里的桥桩上盘旋着一条金色巨龙。

现在这个机场由农田的一作为元气而生二，二为阴阳两仪，二生三，三为天地人，三生万物。因而，人们熙熙攘攘而来，如万物一样茁壮旺盛着欲望。尽管哲人如尼采会说"吾行太远，孑然失其侣……"而现在奔走在远行路途上的人，既不是尼采也不是海子，他们如果思，那也是与尼采海子们不一样的思，或者他们不思，或者在思与不思之间。

如果思，他们会成为尼采一类哲人吗？如果不思，他们可能也不会成为佩索阿一类诗人。

你思，或者不思
机场就在那里
你看，或者不看见
机场还在那里

出发抑或抵达——既然远方除了遥远一无所有，那么抵达才是出发的理想。

一　天

以前，对于生活在市区的人来说，松江应该是一个较远的地方，可能好多年都难得去一回，知道松江有一所好中学、有方塔、有佘山，也只是偶尔有机会去佘山玩，那是一件很兴奋的事，因为是到远处去了。

现在发现松江原来就在家门口，上沪杭高速，一会儿就到松江了。有时可能比在市区里从一个地方到另一个地方更快。到松江的路好走，景也好看，在高速上就可看到两旁大片的田野，绿的田地，蓝的天白的云，穿过云层的阳光，将每一种颜色上都涂上金色，田野看上去是金绿色的，高速公路是金灰色的，阳光更强烈一点，会觉得高速路是金白色，车速快一点，又觉得路是银色的了，两旁的田野也飞速地向后跑去，跑着跑着，田野像是自己也跳起了舞蹈，有时仿佛是在看有关田园的卡通片。但怎么跑，它还在前面出现，后来我知道，那是我们上海市民饭桌上的蔬菜，以及我们小区里的苗木花卉，大片的松江的绿，与我们是那样的息息相关。

从沪杭高速的松江道口出来，没几个弯就到松江城区了，城区的路同样好走，路标也清晰，往北是新城，往南是旧城。我们先往北，都是通衢大道，现代化的城区，现代化的工业区，然后是松江大学城，每所大学都有自己的风格，校舍、宿舍浑然天成，我们去的时候正好不是上学的日子，校舍和宿舍一片静谧，只有树和自己的影子在微风中絮语。已经离开大学很久了，现在再来想象校园内的生活，还是不知说什么好，因为那是青春啊，青春因其稍纵即逝而令人只能回味却永无可能重返，现在我虽然在大学面前，但我知道自己再无可能进入，那已经是人家的校园了，一声轻叹，我就走过了它。

后来我想到，松江真是厉害，它将那么许多人的青春留在了那里，松江还会不发达吗！

　　继续我的行程，沿着宽敞美丽的路，我仿佛到了欧洲的某一小城，这里的建筑会让人忘记这是在中国，在松江，那种假作真时的真，真的能让人神思恍惚，还好那些欧式小楼里还没有住人，它们像一幅画一样的还是一种摆设，美丽的装饰，点缀着现代的松江。真的，在松江，如果你一直在北面，你不会想到它是一座古老的城市，你看到的只是它的新，它的意气风发。在新区吃饭，也是欧式的中国餐，豪华的包间，精致华丽的杯碟，完全就是上海，哪里有古城的一点点影子？

　　我们驱车往南，想看一看古华亭，也就是被称为上海之根的松江。虽然是旧城区，但马路也还是很周正，那一条街，白墙黑瓦的，连绵成一片，店铺一家挨着一家，大概就是所谓十里长街了，不知道是在旧址上翻新的还是新建的，看上去是蛮新的，店铺的布置也较现代，这可以理解，店铺不是博物馆，它是有生命的，既然是现代人消费的地方，就必须符合现代人的要求。我们将车停在古街入口的西林禅寺边上，本以为会有人过来收停车费，等了一会儿也没人，问坐在路边的老太太，老太太说，停着吧，没事的。一口松江话，这时，我猛然感到一点儿古风了，我道了谢，进西林禅寺，这是座始建于南宋咸淳年间，迄今已有七百余年历史的名刹，在那里，可以感受松江的历史。

从西林禅寺出来，在古街上闲逛，见有卖叶榭软糕的，这是一种颜色白得晶莹的糯米糕，形状是外方内圆，内馅一般是豆沙之类。真是好久不见了，这种糕以前上海也有卖的，这是很久以前了，好像是小时候。不知怎么，我想起了外婆，外婆也说本地话，就是浦东话，与松江话有点类似，她总是将"风"说成"轰"，她做的点心好吃极了，记得她做的汤圆是大大的，有肉馅枣泥馅的，肉馅的鲜美，枣泥馅的香甜……后来这种汤圆就绝迹了，市面上卖的速冻汤圆都是宁波汤圆，小小的，芝麻馅的，所谓本地汤圆真的就不见了。

松江的很多地方让人想起我小时候的上海，路上人没有那么多，特别是午后，安静得让人心动，什么声音也没有的时候，心是可以无限宽大的，想象也可以无边无涯。那种安静，是内心里的底色，在所有喧嚣的时候，以那一段宁静来抵御。

本来就只是记录一天的见闻，但发现所有的事情都牵扯着过去，是那种种割不断的情感历史。就像托尔斯泰写《我生命中的一天》，开始他只是想写生命中某一日的景象，后来为这一天他却写了足足一个月，而且觉得永远无法完成，因为一天有时会关乎人的一生，或者不仅仅是人的一生，和这一生有关的变迁，怎么能一一写尽呢？况且松江是座古城，如果再追溯它的人文历史，寻找陆机、赵孟頫、董其昌、夏完淳等人的遗迹，那松江的一日真的会像历史一样长的。

现在的松江，正是历史和将来的一个渡口。个人的历史也融合在城市的历史中难舍难分。

美人酒

因为关牧村的那首歌，总以为葡萄是吐鲁番的最好。关牧村唱"吐鲁番的葡萄熟了，阿娜尔汗的心儿醉了"，那时总是将"醉了"听成"碎了"，葡萄熟了，阿娜尔汗为什么要心碎呢？想不通时帮她附会，葡萄熟了，说明参军的克里木已经离开了很长时间，她因为想念恋人而心碎吧？反正是很好听的歌，很美丽的爱情故事，那个美丽故事发生在同样美丽的生长着美丽葡萄的地方。

葡萄真的是与美好联系在一起的意象。看到过拍摄新疆的摄影作品，那成片成片的葡萄架，那累累的果实，透过葡萄架撒下的星星点点的阳光，阳光下青春迷人的维吾尔族少女，那样的画面述说的只是生活的甜蜜。总以为那是遥远的冶容，必须长途跋涉才能接近那种靡丽，但没想到，这风致就在身边。

驱车半小时就可到达市郊马陆，那里可以看到成片成片的葡萄园，葡萄架下有可供人们休憩的桌椅，熟了的葡萄堆在果盘里，品种多得目不暇接，坐下，喝鲜榨的葡萄汁，尝各式葡萄，此时会有不知自己身处何处的感觉。这是在上海吗，这么切身，这么身处其间而现实的地方，却有如此遥远而又虚幻般的靡曼，简直是色佳天下。这个色，是葡萄的秀色，如果是画家，一定能画出那姹紫嫣红来，青的绿的紫的红的酒红的玫红的还有青红相间的"美人指"，所指向的也都是、仅仅是葡萄，只是葡萄，各色葡萄就让人有整个世界的想象，是关于世界美好的想象。如果是美食家，就餐此秀色，但葡萄的口感再千差万别，美食家虽能细分，芳香馥郁芬菲馨荠，总起来说也就是甜美，甘之若饴。

葡萄的甜蜜与爱情相似，好像中外莫不如此，《云上的日子》讲述了一个多么美丽的爱情故事，法国的葡萄庄园，绵延不绝的葡萄树，成熟了的葡萄从枝头垂挂下来，与葡萄一样成熟了的是男女主人公的爱情，窗下的小夜曲和丰收的狂欢都让观众感动不已，那么大的一个木桶，装满了鲜嫩欲滴的葡萄，几乎所有的女人，总有几十个吧，跳到那只装满葡萄的木桶里，欢笑着、舞蹈一般地腾越着，让自己与鲜美的葡萄汁融为一体。不知道是一种仪式还是葡萄酒制作的一个步骤，不管是哪一种，都极具想象力，是多么有意思的象征。那葡萄酒，就是美人酒了。

按说，葡萄在气温较高，光照好的地方较易生长，比如吐鲁番，比如法国的普罗旺斯，那种地方有喧哗而明媚的阳光，阳光下有旺盛的植物和植物散发出的香味，香味中是人们眼里的温情，是一种生机勃勃的感觉。而上海的天气有时是会阴郁，会浓稠的。其实冬季的波尔多也很阴冷，但并不妨碍波尔多出产好葡萄——乃至葡萄酒，想来上海能够有口味绝佳的马陆葡萄也是上海人的福分。一种浪漫的口福——食色。

葡萄必须要到她成了酒的时候才是她最丰韵的年龄，那种美丽几乎无与伦比，酒色红紫，似烟如霞，她的香气随着酒瓶盖打开时间的不同而不同——她从不重复自己——有时是浆果的气息，有时是香草味和梅子味，又有时还夹有橡木桶的香味——只要能够想象，她可以是所有她经历过的生命历程的呈现，以香味的方式。你甚至还可以尝到或者闻到她生长的泥土的味道。

　　有点可惜的是，马陆的葡萄太年轻了，她没有条件可以成熟到酒的程度。因为她精致，产量不多，上海市区只有南京路的食品一店见过有卖，一小盒125元，昂贵到酒的价格了，但供不应求，许多人只能自己开车去马陆了。也对，美人总是养在深闺中的。

　　可能有一天我会尝到马陆的美人酒，不管时间地点总与那葡萄美酒亲密无间。

沧桑的情味

　　一棵树，一棵石榴树和一座桥——结合了不知有多少年。树根深深地扎在桥墩的缝隙里，紧紧地缠绕着桥体，树长得十分地硕壮，每年都开出红艳艳的花，结出饱满而健壮的果子。桥一直存在着，小镇上的人，几百年来就在那座桥上走着，在桥上走着的时候，看看河，看看石榴树开满的花，看石榴花在河里的美丽倒影，走着走着，一会儿就到了河对岸。走着，时间就老了，石桥老了，石榴树也老了，但桥是越老越有风骨，树越老越有风韵，时间越老越显出沧桑的情味。

小镇因为河、因为桥、因为树而有了久远的感觉，它让现代人有一种回归的欲望。

　　记得那是很多年前了，到小镇时也在那座桥上走过，当时有人告诉我关于石桥和石榴树的故事，我看石桥，看石榴树，看石榴树与石桥紧紧相依的样子，我想，这就是天长地久，你中有我，我中有你，你和我，分不清彼此，他们就像天生就长在一起的，自己和自己还用得着海誓山盟吗？

　　短短的桥，几步就走完了，在河对岸看石榴树依偎着石桥，疏影婆娑，石榴花的红，映得桥和水一片石榴红，这时，时间没有沧桑，桥和水都那样年轻，石榴树羞红着脸，石桥羞红着脸，见证他们爱情的河水也高兴得似红了脸，红红火火的样子，生命力正旺着呢。走过石桥，挥一挥衣袖，不带走一片云彩，连梦也没有带走。

　　离开小镇，就不再想起这一对古老又年轻的恋人。后来我想，大概是他们太正常了，像所有的恋人一样卿卿我我，不弃不离，他们会如来时那样走去时的路，将永远与时间一起终老，让时间证明他们的情感。我们没有时间的耐力，我没想到我会看到他们分离。

但，事情的转折就这样来了。

突然看到那座桥坍塌的消息。一夜间，没有任何先兆的，在人们的熟睡中桥坍塌了。报上有断桥残破不堪的照片，我没看到那棵树。然而我想起了他们那种红红火火的样子。报上说那座桥已经有几百年了，言下之意它老了——然后又说要修复它——我在电视里又看到新修的桥，水泥糊满了它的全身，不再有当年的风姿——

说是修好后迎接黄金周的游人，桥很无奈似的，两头是原来的骨架，中间是新材料给它腰上打上的补丁，它可能还是认为自己不存在了，只不过送两段骨架给新的桥罢了，反正自己已经不存在了，还要那无用的骨架作啥？它不再呼吸，不再爱恋——这桥已非那桥，以前那座与石榴树在一起的桥确实已经死了。

后来我才知道，这座活了几百年的桥不是无缘无故坍塌的，据说，有好心人看石榴树那样紧紧地缠着桥，怕桥不堪重负，将石榴树移走了——然后，桥就塌了。

　　是一种同归于尽的决绝。用情如此，让人说什么好呢。

循　香

　　做学问的人大概蛮开心的，对什么事情感兴趣就去研究一下。我看到研究香薰的文章，文章考证古代的熏笼是什么样子的，香料由什么组成，总是花啊草啊，很是香艳，然后"暗香"如何浮动，好看。还好闻。真的好似有暗香飘拂，那种玫瑰、莲荷、菊花、梅花种种美丽的花朵混合的香氲弥弥散散的，如烟如云，魅惑难挡。

　　还看到研究水的文章，说中国一直是个缺水的国家。说着水，竟然顺便也研究了洗澡问题，文章认为以前中国人都不太洗澡，就连慈禧太后都不怎么洗澡，慈禧洗澡很是麻烦，她洗一次澡，不知要多少宫女和女官服侍，她们用一个大木桶装上烧好的水，再要准备好随时加入的热水，准备这，准备那，烦琐而啰嗦。好像有些古装戏里看到的场景。慈禧都如此，一般人洗澡间隔时间之长，可想而知。

说起洗澡，想起西安的华清池，那么小那么简陋的一个水池，居然是堂堂大唐王朝的皇帝集万千宠爱于一身之贵妃戏水的地方，这也从一个侧面印证了古代一般人洗澡之不易。

来看看外国。书上写得比较有趣，十八世纪以前的英国人也不太有机会洗澡，因此如果两个人碰到，要站在街上说几句话，有聪明的一个必须抢占上风头的有利位置，因为那样才不至于闻到对方的体味。

当然，中外都有解决办法，中国人讲究浓熏绣被，被褥必须用熏笼熏得香喷喷的。外国人就发明了香水。看过一个法国电影，就是讲发明香水的，这又是另外一个话题了。这是外国，香水一经发明，就会按配方生产，比较精细。而中国，比较模糊，看看中西菜谱就能明白中外这种明显的差异，像中国菜谱中那种盐适量、酱油若干、翻炒片刻之类，外国人是绝对要晕的，而外国人动不动就多少克多少升的，也让中国人抓狂，不就是炒个菜嘛，又不是做化学实验。记得以前在电视里看到任贤齐演的一个很搞笑的角色，他就是东采一把，西摘一株，收集许许多多香花香草制成一味药丸去医治公主体味特殊的怪病。

那天到廊下的金山叶园看他们种植的各种芳香植物，就想起了任贤齐，让他到这里来采摘不就齐了？一站式，啥都解决了，哪用得着他东跑西颠地拖了好几集才完成采集。其实，现代人早已远离了对香料的原始索求，不像地理大发现时代为了香料可以不惜大开杀戒。我之所以对香草香花感兴趣完全是因为她让人产生一种奇思漫想，有种异域感。比如罗勒，又叫九层塔或者兰香，或者还有其他多种叫法，其原产地在印度和埃及，那两个地方我至今没去过，不敢去，想让自己对这些地方保持神秘，而且我对那些地方的想象停留在古代，有时间和空间的距离作为保障，只用原产于那里的一株植物作引子，这就够了，或许这是一株来自于《埃及艳后》时代的罗勒？以前没见过木乃伊的时候对木乃伊的那种神秘感，被在大英博物馆真正见到木乃伊的现实感所替代，然后我就对人们穷尽所有的那种欲求产生了怀疑，难道必须眼见为实吗？不，现在在叶园我照样可以进入《埃及艳后》的那个古埃及而更加具有一种飘逸的美感。罗勒主要用于意式、法式料理，在印度及泰国烹调中也经常使用，泰式的冬阴功汤中就有罗勒、香茅等。

香，不仅仅是视觉的、嗅觉的，还更加是味觉的，甚至于可以是药物，以至于有人认为香料就是衍生诱惑的。确实诱惑。香草香花的芳名已经让人驰骋想象。茴香、丁香或柠檬，迷迭香、百里香、马约兰、牛至、莳萝、薄荷……对了，我认识一个女孩，因为喜欢薄荷而写了一篇小说，女主就叫薄荷。而这些天，我家阳台上的薄荷也正蓬勃绽放。有明媚春光的下午，切一片柠檬，摘几片薄荷叶泡茶，然后，思绪可以随杯中香氛袅娜。

品着香花草沏的茶，话题自然离不开花草，朋友跟我提起花语，说，比如柠檬草代表开不了口的爱；迷迭香代表回忆、怀念；百里香被欧洲传统认为象征勇气，希腊语中象征高贵和勇敢。我想，这样理解花语很教条，你看看人家李敖。李敖自抖追女孩的招数，说有一回，他的女友要过 18 岁生日，他送给她 17 枝玫瑰，女友正愣神，以为他搞错了，他说还有一枝就是你呀，18 岁的女孩哪里经得住这个，真的就笑靥如花了。

式微式微胡不归

　　越来越相信所谓的气场相合。比如见到一个人你会觉得特别投缘，阅读一本书会感到深得我心。到一个地方也会被打动。前几天去沪上的生态桂花园，不知为何，脑海里萦绕着"式微式微胡不归"，"田园将芜胡不归"等诗句。此处有一座世外桂园，田园牧歌，薰风暖阳，到了这里，只有一个想法，归去来兮，归去来兮……

　　真的是秋天了。阳光是那种穿透的亮，远远近近到处都是它的影子，没有影子的地方就是一片光亮，不戴墨镜，几乎睁不开眼。阳光洒在身上，不是夏天的炙热，

98

也不是冬天的温暖，是热且舒爽，微微的汗，又被微微的风拂着，如果此时的风带来丝丝缕缕的幽香，你一定能猜到那是桂花香。当然，秋天还会有菊花香或者其他花香，只是菊花香和桂花香是如此不同，菊花香不是那样往你扑来的……一阵风就能判定了，桂花香，真的就是桂花香呢。

微信里有朋友晒桂花盛开的照片了。她说，园子里的桂花开了，一串串花骨朵挂满枝桠，悠悠的香气扑鼻而来。一年中最喜欢这一季。此时，泡一壶茶，捧一本书，嗅一嗅这无处不在的花香，也是醉了。写得人心动。我点赞，跟帖。我说，我们园子里的桂花也开了呢，昨夜无人时去赏花，像花痴一般。可惜夜里不能拍照，不然闪光灯惊扰了她们可不好。喵星人会享福，在花香处醉卧，见我走近，懒洋洋小睁醉眼，觉得没啥威胁，则继续美梦。我俗人，想着怎么弄点桂花吃。真是花痴（吃）。

我的念想很快就实现了。看来，秋天，总是和桂花有关。

朋友说，跟你说过的四百亩的桂花盛开了，再不去，花儿可等不得。他是对我说起过嘉定北面靠近昆山有一片生态林种满桂花树，说等花开时节去。当时我没在意。在我心中，赏桂，那是必须去杭州的，就像赏梅必须去苏州的香雪海一样。柳永的词深入人心，"有三秋桂子，十里荷花"的钱塘自古繁华，烟柳画桥，风帘翠幕，羌管弄晴，菱歌泛夜，可以醉听箫鼓，吟赏烟霞，那是何等赏心乐事。而满觉陇的桂花更是誉满天下，有清人张云敖的诗为证："西湖八月足清游，何处香通鼻观幽？满觉陇旁金粟遍，天风吹堕万山秋。"因为满觉陇桂花盛开之时，香满空山，落英如雨，故有"满陇桂雨"之美誉。只可惜这些年到杭州游览的人越来越多，几乎是满坑满谷的人了，人比桂花多，谁还敢去那江南形胜之地呢。桂花么，各家小区园子里都会有几株，不远处还有个桂林公园，聊以备秋思之用。

小区里公园里的桂花已经令人怜惜而喜悦，几百亩的生态桂花林是一种什么状况？这么说吧，惊喜不可名状。明代高濂形容桂花香为"清馥"，而在秋阳下，在成片成簇成排成群的红艳丹桂、黄灿金桂、白玉银桂或者还有其他我叫不上名字的桂花一起怒放的时节，人已经不再清醒，被薰醉了，醉到欲辩忘言欲说还休，醉到想不起来还有什么辞藻可以形容这种馥郁。

最是那一低头的温柔，无数的枝桠，在微风中温柔地一低头，窸窸窣窣，粉雕玉琢的花瓣洒向地面。这就是传说中的桂花雨么？几百亩地上流淌着红色的、黄色的、银色的花雨，珠英点点，落霞翩翩。你道谁是这缤纷落英的主人？一群本地芦花鸡正闲庭信步其间。鸡啄米似的啄食着桂花，它们真的是含英咀华呢。鸡们毛色锃亮鸡冠通红。另一个区间，会上树的珍珠鸡多半栖于树上，有的也下地找食。隔壁，一群白山羊不慌不忙地踱步，绅士般闲适。

几百亩地呢，蔬菜瓜果也有福气闻着花香长大。走着走着，一不小心，会被大冬瓜绊到，或者桂花树边上的空地说不定就正铺展着绿油油的青菜，竹架子上，扁豆毛豆也正硕果累累。园主老李带领我们走访他的庄园。两条小狗欢蹦乱跳地跟着我们，一边还打闹不休。园子很少钢筋水泥砖头瓦片的建筑，连围墙也是竹林"筑就"，园内植物动物基本以自然方式生长。上海有如此大规模的桂花生态园，我以前怎么一点不知道？老李说，十年树木，十多年前当他开始种桂花树的时候，就想象过今天，当绿树成林，丹桂飘香时会是怎样的情景。十多年，树要慢慢长，园子要慢慢经营，你们当然不知道的。是啊，十多年埋头耕耘，不知有汉，无论魏晋。

到了吃饭的时候，我想起了"故人具鸡黍，邀我至田家……开轩面场圃，把酒话桑麻"，真是回到那种情景中去了。一桌菜都是园内自产，吃桂花的桂花鸡，闻着花香长大的蔬菜，桂花酒，糖桂花做的甜点……饭厅墙上还画着桂花。

回来忍不住微信上上了图片。跟帖无数，问得最多的是，桂花鸡好吃吗？哪里吃啊？一帮吃货。晒桂花照的朋友点评：花痴吃花。这个到位。古人说，食色性也，桂花园有食有色，合于人性，善哉。

美人扇面桃花痕

泰州桃园是因为孔尚任的《桃花扇》而得名的。在几百年后，当我们来到这血色的桃园时，仿佛孔尚任顽强地依旧在这里注视着人们，他让那出《桃花扇》经久不衰地演出，让舞台一如几百年前一样地华丽着凄迷着，让时间凝固一般地锁定在那个一面是山河破碎生灵涂炭，一面是偏安一隅歌舞升平的怪异时代。

走进桃园就闻见破空而来的高亢唱腔："你看城枕着江水滔滔，鹦鹉洲阔，黄鹤楼高。鸡犬寂寥，人烟惨淡，市井萧条。都只把豺狼喂饱，好江城画破图抛……

铁马嘶骄。"循着声音看去，不远处的古戏台已被观众围住，台上是字正腔圆的字字血声声泪，台下已是一片喝彩声，"好！"后来者想要观看，已经挤不进去，只能站得远一点听。这时草坪上两只花蝴蝶纠缠着萦行、回绕、飘摇……虽然现在演的不是《梁山伯与祝英台》，但因为在审美上蝴蝶和爱情好像已经密不可分，也就有了似乎看见了侯朝宗和李香君化身的幻觉。

再往里走，少有游人，花树更密，曲径通幽了。

陈庵，是孔尚任写《桃花扇》的所在，它的周围，此时虽然桃花已极尽繁华绚烂以后归于素朴，但在这样的素朴中也有了果实，只是还有些青涩。青涩的果实就是现在，她可以让人去想象她过往的花季，那样一种热烈奔放的艳丽，也可以遥望她的将来，她成熟甘美的结果。现在她很安静，安静到让人几乎感受不到她的低调。就像现在陈庵的安静，安静得如果不是刻意地去想，去听，去感受，怎样也不会有国破家亡的杀伐之声，哪怕这种血腥的杀伐隐藏在李香君和侯朝宗撕心裂肺的爱情之中。"你看！国在哪里？家在哪里？君在哪里？父在哪里？偏是这点花月情恨，割他不断么！"一把血溅点点的桃花扇，帛裂声铿铿然，锵锵然，以一种壮烈的姿态撕毁，粉碎，直刺人心。

但这样的刚烈和忠贞却发生在一个被传统认为最为不贞的风尘女子身上。孔尚任的这种设计，应该有他的深意在。他让一个女子担起了家国，担起了道义，而那些须眉男子却畏葸，却惕息，节气或者气节，高贵或者圣洁，都寄托在一个被称作妓女的女子身上。作为须眉一员的孔尚任，内心有着怎样的一种对自身、对世事、进而对社会的失望和泣血啊。他说："桃花扇何奇乎？其不奇而奇者，扇面之桃花也；桃花者，美人之血痕也；血痕者，守贞待字，碎首淋漓不肯辱于权奸者也；权奸者，魏阉之余孽也；余孽者，进声色，罗货利，结党复仇，隳三百年之帝基者也。帝基不存，权奸安在？惟美人之血痕，扇面之桃花，啧啧在口，历历在目，此则事之不奇而奇，不必传而可传者也。人面耶？桃花耶？虽历千百春，艳红相映……"

而现在却只是人面，只是桃花，只是相映红，但关

105

"血痕"何事？是颜料吧？什么颜色现在都是可添加的，不管是食物还是扇面，是人面还是桃花。现在如果孔尚任还要写一出戏，他到哪里去寄托呢？当经常看到报载一些年轻的大学女生都在争着被"权奸"包养，当那些女孩不理解喜儿为何不肯嫁入黄世仁家，当郭美美们招摇过市时，孔尚任要到哪里去找可以寄托的血性女子？呜呼！

回到《桃花扇》的第一出第一段，【恋芳春】"孙楚楼边，莫愁湖上，又添几树垂杨。偏是江山胜处，酒卖斜阳，勾引游人醉赏，学金粉南朝模样。暗思想，那些莺颠燕狂，关甚兴亡！"往事可伤，新词亦可写，但朝代无论如何更迭，其内质的替换，永远不是什么轻而易举的事。

戏，只是和舞台有关。在虚拟和真实中，在戏里和戏外，在清晰和疏离之间，仅仅只是戏而已。入夜，游船在灯火璀璨的凤城河里漂荡，船上的游客也有了金粉模样，岸边的石舫上，又是笛声幽怨而悠远，这是演到《桃花扇》的哪一出了？

有一篇小说的某个场景我记得很清晰，这比较奇怪。

那是很久很久以前读到的当代美国作家大卫·帕兰特的小说，小说名忘了，只记得小说与舞台和艺人有关。记得的那个场景是，小说主角坐在戏院正厅的观众席上看舞台上的表演，演出的内容是什么小说似乎没有涉及，主角看到的是舞台上舞动着的女演员耳垂上掉落的耳饰，女演员的拖地长裙摆裹住了男演员的脚，男演员一面用单脚平衡身体，一面继续慷慨激昂地朗诵着台词，并唾沫星子乱飞。然后小说主角专注地看着舞台上空翱翔的飞蛾，盘旋于男演员的头顶之上，穿梭于明亮的舞台灯光下的如云团般的尘埃。谢幕暗场时，小说主角却分明看到自己拍动的手和手背上的脉纹……

非同寻常的舞台和观演过程，让舞台的虚拟感虚化而现实感增强，因为观者的走神于实在的细枝末节而使舞台上虚拟的故事淡化至不见踪影。我想，这种有别于以往关于舞台的经验，让我对迷离繁华梦幻写意惊艳的舞台有一种间离感，因而印象深刻吧。

在参观梅兰芳纪念馆时，那场景又如在眼前。

离簇新的泰州古护城河——凤城河不远，有一座绿树掩映的园子，据说是移建的明清建筑，园林专家陈从周指导设计，整个亭子似绽放的梅花——那是京剧艺术大师梅兰芳纪念馆。经过馆门前一尊梅兰芳先生的白色雕像进入园内，又见一雕像，这回是个衣袂飘飘水袖善舞的女子站在水中央，周围花团锦簇，有蝴蝶翩然，听解说此为梅兰芳先生饰演的人物。园子也是"园中园"，别有情味。

转去史料陈列馆看个究竟。原来梅兰芳先生原籍泰州——这是以前不知道的——却出生于北京，6岁学艺，11岁登台。据说，他小时候被送去学艺时，第一任老师说他长相和唱功都不行，被退了回来，受此菲薄，知道自己条件不如人，他苦练基本功，一个唱段、一个身段练无数遍，练眼神更是入魔。终于成为一代大家，形成了自己独特风格和自己的表演体系，与斯坦尼斯拉夫斯基、布莱希特并称"世界三大表演体系"……好像一个励志故事，这里似乎可以作为青少年教育基地，或者已经是了吧？

在一个模拟的"梅宅"门前，照片里的童年梅兰芳手扶着门正向外眺望。隔几个橱窗是梅兰芳表演时穿过的戏服。一种舞台感被烘托出来，而且是一个过去的舞台。灯光虽然依旧辉煌，但戏服已然陈旧，有些黯淡了。

中国戏剧道具高度抽象，比如"一桌二椅"，这一桌二椅可以代表所有在戏中出现的器物，可以是桌子和椅子，也可以是床、是桥，或者别的物件，他演给你看是什么就是什么。这种表演很虚拟。虚拟表演的特点就是不用灯光布景等舞台技术在舞台上制造具体生活场景，而是建立一种类似比方的幻觉，由演员在这种幻觉中模仿生活，把人物的行动和写景、抒情紧密结合起来，调动观众的想象以共同创造舞台图像。

应该说想象的舞台图像比具体描绘铺陈的舞台更有韵味，但我记忆中的那个舞台却没有任何和戏剧有关的图像，只有一枚在强光下呼号奔突的飞蛾。

在纪念馆，一面是感觉中舞台的虚拟，《贵妃醉酒》

中的杨玉环,《穆桂英挂帅》中的穆桂英,《霸王别姬》里的虞姬,《生死恨》中的韩玉娘,《天女散花》里的天女……一面是现实中梅兰芳作为演员作为普通人的真实感,八年抗战时的蓄须明志,与斯坦尼斯拉夫斯基和卓别林的交往……观者的这种对于舞台的游离和分神,似乎更有助于理解梅兰芳从普通人到艺术大师的历程。

我想,此时,可能我也开始理解帕兰特让主角分神于一枚飞蛾的意图。

没想到曾让唐代诗人王维咏叹,"浮于淮泗,浩然天波,海潮喷于乾坤,江城入于泱浒"的汉唐古郡海陵(泰州),除了恣肆的水以外,另有更洪量的可令人驰骋神思的所在。

闺中情思谁人知

在遂宁的游程被安排得很满。那天，转过了各种景点以后，大巴将我们载到一处较为空旷的地方。前后左右看去，不见山峦起伏河流奔腾，也不见亭台楼阁寺宇巍峨，而后，却有人将我们引进了一条小径，新修的石板路，石板周围郁郁葱葱刚长出来的小草，清新鲜嫩地围绕在脚边，我不知道小径将把我们引向何方，一抬头见旁边墙上有一些木牌，上面刻有散曲：

《天净沙》——其一，哥哥大大娟娟，风风韵韵般般，时时刻刻盼盼。心心愿愿，双双对对鹣鹣。 其二，娟娟大大哥哥，婷婷袅袅多多，件件堪堪可可，藏藏躲躲，咻咻世世婆婆。

呆住。这是什么？好像是说，哥哥和美丽的妹妹啊，是这般的丰韵和风流，时时刻刻都盼望着，所有的心愿，就是成双做对比翼齐飞。美丽的妹妹和哥哥，容止娴雅仪态婀娜，件件事儿都可着心，躲躲又藏藏，情话绵绵说不完……正琢磨间，忽听四川的朋友用川音念出来，那音韵和谐，简直如歌，且余韵袅袅。如此跳脱活泼又自由自在、奔放不羁的爱情描述，怎么以前就没见过？

想起李易安的"寻寻觅觅，冷冷清清，凄凄惨惨戚戚"（《声声慢》），曾被前人赞为"此乃公孙大娘舞剑手。本朝非无能词之士，未曾有一下十四叠字者……俱无斧凿痕"。只是这首《天净沙》却能一反凄凄惨惨戚戚而双双对对鹣鹣、咻咻世世婆婆，从十四叠字脱胎而整首词无一句不叠字，形式相似，而情绪则完全不同，她有点欢天喜地，色彩温暖而艳丽。

木刻上注明，散曲的作者是黄峨。黄峨是谁？就像我不知道现在站在什么地方一样。赶紧问，才弄明白这里是四川遂宁安居区西眉镇，是黄峨的故里，因为黄峨，我们才会来到这儿。我刚才联想李易安没错，有人告诉我，她被称为"曲中李易安"。

简单说吧，黄峨是明朝人，父亲是成化年间的进士，官至工部尚书。黄峨自小聪明伶俐，琴棋书画无所不精，尤工诗文词曲，心高气傲，因而难以找到与之般配的人。熬到二十二岁在当时已是很"剩"的"剩女"年龄，才因明朝四川唯一的状元杨升庵的原配病故而有机会嫁给了状元郎，黄峨因此从"尚书女儿知府妹"而成为"宰相儿媳状元妻"。后来明隆庆皇帝又诰封她为"宜人"。

从这时期的诗文和黄峨的经历看，她可算是一个幸福的女人。这真是难得。也得益于她是豪门贵妇吧。然而，后来她的诗文就完全变了，明快欢乐如浮云被风一吹就散，踪影全无。且看这首《皂罗袍》："为相思瘦损卿卿，守空房细数长更。梧桐金井叶儿零，愁人又遇凄凉景。锦衾独旦，银灯半明；纱窗人静，罗帏梦惊。你成双丢得咱孤另。"看着像一般思妇加怨妇的埋怨和数落，但深究其背后的因缘，确也使人不禁唏嘘。

黄峨的公公杨廷和曾任明武宗的内阁首辅大臣，明武宗死后，在明世宗继位前，杨廷和曾总揽朝政，大胆改革，因政绩显赫而被提升为左柱国。但后因政治斗争，杨廷和被定罪，并削职为民。黄峨的丈夫杨升庵因召集同年进士二百多人面向皇宫跪哭，抗议非法逮捕朝臣也得罪了朝廷，因而遭逮捕并不可思议地被廷杖多次，死去活来，继而充军云南。依明律，子可替父服役，杨升庵欲得子替役，在充军地两次纳妾，极少回家，这就是黄峨这首小令的背景。黄峨的贵妇生涯后来主要是在家侍奉公婆，操持家务，这不是一般小家小户的家务，家中亦有"国事"，纷扰、忧患，然后忍受孤衾冷被的长夜寂寞。

无端想起了另一个女人，《浮生六记》中的芸娘。按理说芸娘和黄峨，一个地一个天，民女芸娘和贵妇黄峨，看上去缺乏可比性。但她们之间却似乎又透着些许穿越明清两朝的气息相连。芸娘伉俪情笃，曾经不顾礼法，性情地做了一回自己，而最终因违背礼法付出代价，凄惨地病死家外，但芸娘的天真随性和黄峨年轻时的烂漫无忌何其相似！她们的后半生虽然一个是布衣菜饭，一个是锦衾金井，但凄苦无奈又如出一辙……又想起同里退思园里的坐春望月楼，据说是贵族男人们为自己的女眷造的，让她们可以在大门不出、二门不迈的自家园子里观尽四季美景。虽然那些不知名姓的女人珍贵如此，但一想到她们的一生就在这样的一个园子里流转，也觉胸闷得紧。女人们哪怕不为生计愁苦，也是必须囚禁的笼中之鸟，不管这些女人是如何生动明朗，如何才情汹涌……

以前不知道黄峨，想来这样被我们遗漏的有才情有故事的女子不知还有多少？想一想，女人其实都是一样的，年轻时的天真烂漫和以后的忍辱负重。正如曹雪芹借贾宝玉的口说的，女孩儿都是水做的，待年长，就"污浊"了。曹雪芹的观察很细致，也基本说出了"真理"，不过这"污浊"其实就是沧桑吧。当然那时的人是没有这种认识的，因为那时的女人不管富贵贫贱其实都"命苦"。

沧桑是我们现在的说法，是一种历练，因为阅历也是财富。在我敲打这些文字时刚过了三八妇女节，看看现在的女人怎样说吧："做女人真好，二十是桃花，鲜艳；三十是玫瑰，迷人；四十是牡丹，大气；五十是兰花，淡定；六十是棉花，温暖，热爱自己吧，一生如花的女人。""……我没有背景，但我就是自己最好的背景……男人付账值得炫耀，但自己埋单那叫骄傲……"现在的女人真的是骄傲，骄傲而匆忙，没有时间春闺寂寂，更没有余暇思妇楼头。日子是实在了，唯一有些遗憾的是，现在的才情女子再也写不出以前的情怀，那一份凄美只有留待我们进入过去的时候才可理会。

突然有些疑惑，记得我在西眉的时候应该是冬天，怎么脚下的草会生机勃发？春天如今才刚刚开始么。是黄峨那非同寻常的诗句将春天定格在了西眉吧。

可爱的女人

    芸娘是《浮生六记》中的女主角，也应该是现实中曾经存在过的人物，因为沈复所著并非小说，书里写得明白，他记载的都是自己亲历之事。只是作者娓娓写来，诚挚真切，也善于营造气氛，让我们今天读来像小说，有时真觉得真假莫辨，把她看做虚幻，也可能沈复离我们太遥远，今天已经很难想象那时人们的生活和情感了。然而我们确实知道，芸娘真的在这个世界上生活过，就像我现在可以看到她轻盈挪移着舞台上古典戏曲一般的身姿，那只搭在伴娘肩上的纤细而丰润的玉臂圈着翡翠碧绿生光的钏子，或者她高烧银烛低垂粉颈，在夜晚出神于那一本《西厢》……她是如此生动地演绎着一个女人的戏剧，我们不可能视而不见。我还知道，沈复三白的祖坟在苏州郊外福寿山，假如对芸娘的曾经存在有什么疑义的话，可以到那里去找沈三白问一问，如果有幸还能找到。

有多少曾经真实存在过的女人默默无闻地消失了，我无从知道，我更无从知道的是，在这一片污浊而稠密的现代空气中又漂浮着几多她们残余的游魂。而她们中的芸娘却活了下来，她也不过一民女罢了。然而，这是一个非同寻常的民女，林语堂说她是中国文学史乃至中国历史上一个最可爱的女人。在这里需要注意的是，林语堂用了"最"这样高级的副词来修饰可爱这个形容词，也就是说，以林老先生的眼光，在中国，没有哪一个女人会比芸娘更可爱，尽管林语堂在范围上作了限制，但这还是几乎包括了所有可能进入我们的视线而被加以评论的女人。我想，林语堂对芸娘的大加激赏肯定有他的理由。

确实也是，哪怕随便挑几段关于芸娘的描述，就能发现她与我们所认定的过去的女人有多么地不同。虽然芸娘没有上过学，但她生而颖慧，学语时口授《琵琶行》即能成诵，后偶得《琵琶行》便能挨字而认，从此她好学不倦，终能吟咏。她为了同丈夫一起出游，换上男装，"效男子拱手阔步者良久"，继而揽镜自照狂笑不已。月色如洗，她与丈夫同坐凉亭谈诗论画说古话今，与丈夫享尽了闺房之乐，也饱尝了坎坷之愁。从中我们得知芸娘是个生性洒脱而又极具才情的女人，她懂得在极平凡的生活中寻找乐趣，一句"布衣菜饭，可乐终身"便点出了这种乐趣的所在，那是一种恬淡自适的生活。这也就规定了芸娘的背景，她已深得中国处世哲学的精华。

　　从这一点看，芸娘无疑十分可爱，她的种种行为，如今也早已不会再被人视作异端，其实芸娘只是个有着自觉意识的正常女人，但她在一百多年前，追求与男人几乎是平等的美丽而浪漫生活的理想，却使她的人生遭际变得暧昧起来。这不得不使人为之感叹。然而，感叹过后，对于芸娘，我们却还是有许多不太明白的地方，就说她为丈夫寻妾一事，便颇令人费解。难道芸娘是个可以超越时间的奇女子，还是有别的什么原因？她的所作所为当时完全不被人理解，即使到了今天我想大概也还是有部分不能为人们所认同，但可能正由于此，芸娘便成了一个可以一直活下去的女人。

据三白描写，他们夫妇感情甚笃，然而有一天，芸娘却突然看中了一名为憨园的歌伎，硬是要为丈夫撮合，让丈夫纳为妾，后来因为强者所夺，此事没有成功。芸娘竟至于一病不起，而后命丧黄泉。如此大动干戈的撮合大概也不是一句爱美之心所能解释得通的。当时，芸娘对三白说，若憨园同意了，我这臂上的翡翠玉钏就会戴在她的手上。三白虽然谦让了一回，说自己乃一贫士耳又伉俪正笃，何必要弄一个第三者来，但拗不过芸娘的执意以后却也注意起了憨园的臂膀。这是一段十分意味深长的描写。男人的推却虽有一点矫情，而女人的坚持却又不知为的什么。

然而某种程度上，妒忌却是爱情的天性，说句大白话，就是爱情是自私和排他的。从古至今大概还没有人真的会希望或者容忍自己心爱的人去爱上别人，当然如果另有目的，那自然另当别论。《韩非子》有这样的记述，卫国有一个女人祷告说"使我无故得百束布"，她的丈夫问"何少也？"她回答"溢是，子将以买妾"。可见这个女人宁愿受穷也不愿丈夫发了横财而讨小老婆。还有一个更绝的例子，唐太宗曾送了两个侍妾给管国公任环，但任环因惧内而拒绝，唐太宗便召见任环的老婆对她说，妇人嫉妒很不好，你如果能改过就算了，如果不肯改，就饮下这鸩酒。任环老婆说"妾不能改，请饮酒"，然后把那酒一口喝了下去。不过，唐太宗给的并非毒酒，而是醋。唐太宗开了一个小小的玩笑，但从中也可以想见任环老婆的醋心已到了连命都不要的地步。当然，爱美之心也不是没有，晋朝桓温的老婆，见丈夫取了妾，便提了刀杀气腾腾地来找那妾拼命，没想到一见之下，杀气顿消，扔下屠刀无可奈何地说"我见犹怜，况老奴乎！"

　　但这种情况还是与芸娘不可同日而语，桓温妻是去要那妾的命的，只是没要成而已，而芸娘则是为了丈夫没能娶成憨园而送了自己的命。这就使人不解，到底是她要丈夫取妾还是她自己要取妾？有时芸娘真让人联想起“断袖”之类。还有一种可能，那就是实际上芸娘已经厌倦了三白，企图用一个憨园来搪塞他，自己借机走开。如果说芸娘是为了爱三白而为他寻妾，有了以上那些例子，大概是没人再肯相信的了。

倘若这些推断能够成立的话，我们对芸娘真要钦佩有加了。因为在那么多年以前，在一个女子无才便是德和一个女人只为父母丈夫儿女而活着的社会里，芸娘已经知道并做到了为自己而活着。从这个意义上说，芸娘确实是一个很可爱的女人。

红　妆

　　这个有着香艳联想的词，应该给人流丽瑰伟的灵感——在听说而没有亲见宁海的十里红妆时，对它确是有着惊艳的期待。而一旦当我站在十里红妆的展厅里，真的被那种一色的朱红震慑了，惊艳变作惊愕，触目惊心。几次三番，想写点什么，却又搁下，我想大概是不愿去碰触红妆底下的血色。

　　现在去回想当时的心情，还是一种痛苦的经验。其实，十里红妆展厅里告诉我的东西，并不比我以前在历史书里了解的更多，只是当历史书里抽象的知识变作实实在在的可以看得见的生活时，那些活生生的残酷就让人无法逃避了。虽然这残酷是隐匿在喜庆的整整十里一大片亮得耀眼的高调的红之中的———个富家的女儿出嫁了，陪嫁的嫁妆铺排满十里长街，鼓乐齐鸣，吹吹打打，极尽排场，好不羡煞人。

　　女儿一生最辉煌的就是出嫁这一天了，富贵人家的女儿一生所用都必须是娘家所带，而且要奢华，这是经济实力的比拼，若有一点不周到，是要被夫家人说闲话的，因此，一件件，一样样，耗尽了娘家人的心思，梳妆台、拔步床，竹夫人、床前橱，枕箱皮箱大幢箱，圈椅春凳红脚椅，画桌琴桌房前桌绷花桌，火炉架油灯架面桶架麻丝架，冬篮夏篮套篮，祭盒祭盘，子孙桶马桶脚桶面桶茶碗桶讨奶桶果桶提桶梳头桶针线桶，生活所需的一切必须备齐——还要加上棺材，所谓有始有终。因此才有陪嫁的嫁妆铺满了十里长街，马桶开道，花轿居中，一色的朱砂红；扛箱的当先，而棺材压阵，生死一世，都在这一天在这条街上摆明了，也浓缩了。一生的故事看起来红红火火浩浩荡荡也似长街一样的平平展展，但那个新嫁娘却哭得伤心欲绝，她当然是在回顾在娘家的前半生的日子，也对以后漫长的在夫家的日子忐忑着。她哭，这时候她可以明明白白为自己的女儿身而哭——进了那个门以后，是不是还能这样痛快地哭都是问题。

在展厅里，我看到了新嫁娘的小脚绣花鞋，真真是三寸金莲，可能是现在小孩两三岁时脚的大小，当然那时人长得比现在小一些，那也就是三四岁的时候，她就必须缠足了。生为女孩子，她的命运，在娘胎中就被注定了，这还是有幸能长到三四岁的女孩子。还有些女孩子一出生就被溺死在马桶（子孙桶）中了——这且不说。说那些没被扼杀的女孩，她们凄惨的哭叫声，穿越时间的阻隔回荡在展厅里，其声凄凄。缠小脚的缠脚架、缠脚布甚至脚铐——一块矩形木板，女孩一双小腿就被固定在木板中的圆洞内，挣扎不得，这些"家具"都附着着女孩哀怨的魂魄，令人毛骨悚然。宁波人说"小脚一双，眼泪一缸"，一双天然要长大的脚，却被长长的缠脚布裹住，硬生生就是不让长，那种锥心之痛，是人都可想见，为什么却必须让那么小的女孩子来承受，而且多半是以爱的名义，由女孩的家长实施的。当我愤怒于当时家长的残暴时，想到现在家长其实也是一样的无奈，一样的以爱的名义，捆绑着孩子们的思想。因为，在当时小脚是找到好婆家的唯一法宝，那是女孩子的终生，含糊不得；就像现在我们不也是说着为了孩子而不管孩子喜欢什么，一味地逼迫他们吗？这也是给孩子找一条好的出路，历史在这里惊人地相似，在过去和现在之间生成了某种关联。

但无论如何，过去和现在不能同日而语，同样的家长，同样的无奈，但已有质的不同，社会的进步已让现在的人至少摆脱了身体的束缚，因此当我在展厅里兜兜转转时，就感到了作为现代人的幸福。以前读过一位女作者写的文章，说是喜欢回到以前，以前的生活怎样好，怎样慢而精致如何的有情调等等，说得有点道理，这个展厅里不少展品就能证明那时生活的情致。比如那些器皿，各有各的用途，有些没人解说还真看不明白——或圆或六角的祭盘是祭祖时放食品用的，象山的最精美，六角做成花瓣形，一盘盘花朵般绽放着。梳妆盒又有各异的造型，精巧华美自不用说。而床，就像是一个缩小了的房间，凡到过浙江乡村的都会记得它的样子，只是富贵人家小姐陪嫁用的更精致一些，床前帐的夹柱上用泥金塑上诗句："丹桂宫中来玉女，桃源洞里会仙郎"，"意美情欢鱼得水，声和气合凤求凰。"展厅的墙上挂着竹片编织的细长篓子，一问，才知道这东西叫竹夫人，《红楼梦》中薛宝钗打一灯谜："有眼无珠腹内空，荷花出水喜相逢；梧桐落叶分别去，恩爱夫妻不到冬。"谜底就是这夏夜用来消暑的竹夫人。还有那些女红用具，针盒、针夹、线板、绣台、麻丝架、丝麻桶，令人想起细细密密的针脚，还有细细密密的心事，所有这些，都指向着一种类似文学的浪漫情境，有人当然可以怀念那种一针一线慢慢悠悠过一天的过去时光，但是我想，如果这种浪漫是以束缚为代价的，那么，若为自由故，余者皆可抛。

过去富贵人家的女子，三四岁缠足，以后是学习妇容妇德、女红手艺、琴棋书画，"十三能织素，十四学裁衣"，"十五弹空篌，十六诵诗书"，所有的努力和辛苦，只为寻得一个好婆家，那样的一生，怎能用"一两黄金三两朱"的朱砂的红火来形容？能够进入历史的，或者有蛛丝马迹可考证的往往都是富贵人家的生活，就像"十里红妆"。那么富贵人家以外的女子呢？历史书和这个展厅里都没有记载，似无从考察，但这个展厅其实已经告诉我们了，无言却言之凿凿。

那样的时代真的是一去不复返了。

走出十里红妆的展厅时虽然天色已晚，但我感觉一下子沐浴在阳光下了。

纵死侠骨香

有人说，李白一生抱负乃是王霸之学，"申管晏之谈，谋帝王之术"，可惜他生不逢时，长于盛世太平，只能自叹曰：我有吴越曲，无人知此音。待得天下大乱，虽"懦夫请缨"，以图一展凌云壮志，然其时已老，一生所学终无所用，令人好不惋惜。

虽然李白未能实现他的理想，但作为一种独立天地间的游侠诗人的英雄慷慨，他的黄河洗笔，长江磨剑，轻财重施，任侠江湖的豪气却也扶摇九天，仿佛已成为千年历史中呼啸而来的一支利剑，剑气艳绝，而催发那剑气的便是诗人狂傲而寂寞的剑胆琴心。

说真的，如今扶困济危，一怒拔剑的英雄仗义和富贵不淫，威武不屈，贫贱不移的英雄品性，已离我们越来越远，看上去就像是遥远历史遗迹中的一抹黄昏夕照。然而，夕阳无限好，临近黑暗到来之前的最后光明，虽然短暂，毕竟也是最富于诗意想象的片刻，足以温暖现代人在城市的街道踽踽独行的一颗孤寂冷漠的心。

其实，中国历来不乏义薄云天的壮烈之士，只是若与芸芸众生中的懦弱之辈相比，他们自然是少数，所以即使如近代湖南仁人志士谭浏阳也不禁弹剑长叹出："拔剑欲高歌，有几根侠骨，禁得揉搓"的英雄无奈，况且英雄多出于乱世，歌舞升平之中想来也是见不得有铁马秋风、纵横千里的大气磅礴的。如此看来，我辈既已无抚剑扬眉任侠使气的可能，那么挑灯看剑抒情，纸上谈兵，也不失为对于一种英雄神话缺失的补偿。虽然与大侠的江湖情怀相比，明知这是英雄精神的可悲的萎缩，然而天下多有不平事，自己又已意识到了自己的渺小和无能为力，心里难免便会产生一种被解救的愿望。从这个角度来看，英雄崇拜其实与宗教信仰有着相似之处，只是耶稣基督真主佛祖看上去离得太远，不如急风骏马里锄奸惩恶匡扶正义的侠客那样接近尘世。所以每每读到阔大激昂处，却也陡然间觉得豪气盈室，不禁神采飞扬。

历史上最早的侠士大概首推荆轲、侯嬴、朱亥之流，荆轲易水河畔"风萧萧兮易水寒，壮士一去兮不复还"的一曲千秋悲歌，为后世提供了一个几乎是经典的侠士壮烈形象，虽然荆轲的誓死入强秦看上去仅仅是为太子丹报国难家仇，如果用现代人的眼光来看，好像有点"雇佣军"的意思，但是在古代，"君子死知己"却是士行为准则的一个很重要的规范。况且荆轲视死如归的悲壮并不是从"提剑出燕京"就开始，也并非是在最终功败垂成，身被八剑，倚柱而笑而亡的高潮而结束的。早在易水送别之前，已有田光为了表明没有泄露机密，不惜自杀以激荆轲，而樊於期则义无反顾地将自己的头颅送给荆轲，让荆轲作为礼物献给秦王政，以便获得接近并刺杀的机会，当荆轲"惜哉剑术疏，奇功遂不成"之后，还有高渐离坚持进行他的未竟事业，直至高渐离的死才是这一场足以惊天地泣鬼神的悲剧的最后余音，完成了荆轲在后人心里倍受尊重的侠义英雄的烈士形象，关于这一点，从陶渊明的《咏荆轲》中便可看出。

虽然陶渊明在诗中赋予了荆轲的壮烈精神以一种不朽：其人虽已没，千载有余情。不过，相比于侯嬴、朱亥，我却还是偏好于后者，可能他们的剑术武功比不上荆轲，但是侠的境界并不仅仅在于武的高低，而更在于一诺千金，见义勇为甚至不惜杀身成仁的侠者风范，比如田光和高渐离便不会武功，然而这却并不妨碍他们进入侠的行列。《史记·魏公子列传》载，侯嬴为魏大梁的一个看门人，朱亥是杀猪的，侯嬴在向魏公子无忌介绍朱亥时称其为贤者，"故隐屠间耳"。原来侯朱二人都是隐于市的大隐。后二人为无忌出智出勇，窃得兵符，帮助无忌完成了救赵却秦的"五霸之伐"，然后侯嬴即自尽以报知遇之恩。李白曾有《侠客行》赞曰：千秋二壮士，煊赫大梁城，与此同时诗人也道出了对于侠者风范的一种理想，那就是十步杀一人，千里不留行，事了拂衣去，深藏身与名。

历史作为一种非虚构文本，需要忠实于事实的实录笔法，所谓董狐笔，太史简，即使其人物"技而近乎道矣"，也不能任意涂抹而只能对于"技"的出神入化提供一种想象空间。古代把文学、武学称作文艺和武艺，无论文武只有修炼到了艺术的境界才可算为化境，而艺术境界也正是中国传统文化所理想中的一种人生境界。

在今天，侠义英雄已成过往，再旧事重提，真有点听秋雨绵绵说前朝遗事的感觉，更何况侠作为博大精深的文化传统的一部分，也决非我辈所能说清楚的，妄加评说，至多也只能算作坐井之蛙，随便说说而已。

刀光剑影

写下这样一个题目，是否缺少了一点"淑女"状，只是为文本来讲究的便是随心，于是也就不管那么许多了。

朋友赠我一册小书，其文精致，文人气与书卷气十足，颇耐把玩。其间有文专论剑，纵横剑气，读来感觉十分好看，确也已有能得剑之神髓之意。朋友工于《文心雕龙》及先秦诸子百家，但"屠龙"无刀却如何效庖丁而"解龙"？可能朋友于剑而恢恢乎其于游刃必有余地矣。

剑在中国传统文化的语境里，确实已经成为士也就是读书人所崇尚的一种人文精神。李白曾有言："十五好剑术，遍干诸侯；三十成文章，历抵卿相。"可见剑与书是那个时代的读书人得以进身庙堂的必须修炼的课程，所谓"闻鸡起舞"；读书人负笈远游也定有剑相随，所谓"书剑飘零"。大侠金庸想来深谙个中微妙，写出了"书剑恩仇"，其实，在某种程度上，一部中国古代历史也就是书与剑所书写的历史，也似乎总与某些阴谋联系在一起，太子丹和荆轲便是一则典型的例子。而历史上的这些剑客因其或以谢知音或以酬壮志，不惜以身相许，竟使中国古代史上平添了几多壮烈，这大概便是司马迁在《史记》中专列游侠、刺客列传使其与王公侯卿共居殿堂的缘由了。而如五柳先生如此清远之士也竟无法释怀斯人，写下了"君子死知己，提剑出燕京"，"其人虽已没，千载有余情"的诗句。显然，剑在此与义相联，而舍生取义也正是读书人的一种人生理想。

由于剑蕴含的这层文化意义，它便为历代士人所心仪，和刀相比它在想象中也就更多地带有浪漫而神秘的色彩，这种色彩似乎太多的透有一点贵族气。刀虽无剑之显赫名声，也不承载什么精神或者理想，但却让人感到一种亲切，它和我们的日常生活如此贴近。说得俗一点，我们须臾无法离开它，比如我们每天在厨房就侍弄那把刀。有一回到乡间亲戚处去，自然被留饭，闲来无事，便陪着亲戚在灶头上说话，但见她手握偌大把刀，举重若轻，直切得那黄瓜根根"藕断丝连"，待得装盆端上桌来，更是蜿蜒有致，煞是美丽。我想大约她在厨中浸淫已有经年，方有如此了得的一手刀功本事。

但话说回来，刀也并非在所有的场合都表现得这么家常。虽然剑中珍品常被人视作神兵，撇开带有神话色彩的干将莫邪不说，剑中确实不乏利器，"长歌"、"龙泉"、"鱼肠"等等端的是削金断玉，当属极品。但刀同样也有着辉煌历史，老杜诗云："少年别有赠，含笑看吴钩"，陆放翁有诗："丈夫五十功未立，提刀独立顾八荒"，活脱脱写出了男儿少年时胸怀大志的潇洒和壮年时壮志未酬的落寞。而宝刀在种种传说中也似可随手拈来，"班超"，相传此刀如出鞘，则隐约可闻风沙，汉时班超率三十六勇士，喋血大漠，搏杀千里，三十六人均使剑，唯班超用刀，因而此刀得名；战国时七雄争霸，秦王政命炼剑师廉大师铸一刀，中原逐鹿，此刀遂得名曰"割鹿刀"。当然这些并非见载于正史，而是从小说中看来，但于我来说却是宁可信其真的。

再把话说回来，尽管刀中有此宝物，中国古代也有所谓"神兵有德者居之"的老话，但在现实中权势往往替代了"德"，刀剑绝品也便常常见藏于深宫禁院之内，平常百姓无缘见得。所以市井里巷中的平民更喜欢普普通通的刀，那把切菜刀实在是和家家户户的生计联系太密切了，以今天的眼光来看，中国菜系之所以如此博大精深，想来也是与菜刀有着不可分割的关系的，他们崇尚的是平民英雄。被百姓尊为"武圣"的关云长，出身贩夫走卒，但他那把"青龙偃月刀"几乎家喻户晓，而他的"单刀赴会"则更是脍炙人口；老将黄忠略施小谋，一出"拖刀计"立斩曹魏大将夏侯渊于马下，一曲"定军山"至今余音未绝；还有《水浒》中的行者武松、拼命三郎石秀等等无一不是使刀的好手，而且他们的刀也只是普通的朴刀。正因为刀的这种平民化，才会有"路见不平拔刀相助"、"为朋友两肋插刀"的俗话，前者显然带有见义勇为的意思，在此如将刀换作剑，可能就不那么自然了，其实，这当中存有着一种平头百姓间所约定俗成的"义"在里面。

　　看来刀就是这样平常，但其不鸣则已，一鸣必定惊人。时至今日最令我们激动不已的仍是当民族危难之际，那把向鬼子们头上砍去的大刀，它曾激励了多少义勇之士将满腔热血遍洒疆场。而《多情剑客无情剑》里那把小李飞刀几已成为道德的化身，"手中无刀，心中有刀"的描写，则在事实上显示出了对道的一种很深的体悟；然而，真正并完全显现道之真谛的还是那把菜刀，也只有庄子《养生主》中之庖丁才能够表达道的理想：合乎自然；电影《新龙门客栈》的高潮便是最后那位貌不惊人的厨师与大内高手的生死决战，而厨师的兵器就是一把菜刀，一阵眼花缭乱之后，只见那太监手足已是白骨嶙峋，简直就是"庖丁解牛"的直观演绎，只是至高之道让人看得见摸得着，倒反失去了它原本所有的那种神龙见首不见尾的玄妙。

　　说实在的，如今时常感觉能"悟""道"的人越来越多，上街转一圈，稍不留意便会被斩得可以，且不见刀，大概也算是刀由心生吧。由此来看剑倒是确具一种美感，但可惜它再英雄也已末路，它的后代今天已成为老人孩子手中的玩具；而刀的家族却在不断发扬光大，除菜刀之外，还有专切冷冻食品的刀、切面包的刀、削水果的刀、剔鱼骨的刀等等，以及时常见诸报端的无形之刀，即使食品粉碎机也该算是刀的一种变体吧。看来，剑如今确实已远离我们而去。

身体·爱情·死亡

你的世界充满秘密

那些花朵　幽暗的象征

一片开放出欲望的土地

鲜红　并且激动不安

…………

你所孕育的全部真实

就这样抽泣着诞生了

而火焰也开始了另一种燃烧

以自己的舞姿召唤

原始而生动的热情

——摘自北京大学《新诗潮诗集 1985》

　　弗里达·卡洛，一个墨西哥画家的名字就这样以一种浓墨重彩的燃烧的意象进入了人们的视野。她是 1954 年离开人世的，她活跃的时期是上世纪三四十年代，不知怎么，却在上世纪末突然火红起来，1995 年 IBM 公司花了 320 万美元购下她的一幅自画像，创下了拉美绘画拍卖最高价的纪录，也使她一跃成为全球身价最高的女画家。而此前，她在世时，以至到她离世后多年，她的绘画作品一直没有受到应有的重视，1977 年，她的画在国际市场上的价格不超过 2000 美元。但自从 IBM 公司以巨款买下她的画以后，弗里达似乎时来运转，也是 1995 年，她的日记被意外发现，一时引来争购热潮，最后，墨西哥政府不得不以令人难以想象的天文数字买下她日记的版权。因为他们认为弗里达是他们国家的精神财富，是墨西哥值得引以为骄傲的民族英雄。

　　这个世纪刚开始，好莱坞就看上了弗里达，2001 年

4月，米拉美公司宣布开拍《弗里达传》(Frida)。为争演弗里达，多位好莱坞花旦撕破了脸皮，玛当娜提出过要扮演弗里达，但没有导演敢用她，拉美当红女星詹妮弗·洛佩兹也要求主演，导演也没用她，最后是墨西哥籍的女星莎尔玛·海耶克撞到了大运，导演决定由她来主演弗里达，其他主要演员如安东尼奥·班德拉斯、爱德华·诺顿、艾希丽·贾德等也都是一线明星。

不仅仅电影，美国文化界其他行业也纷纷加入这一波的弗里达热，美国邮政总局发行了第一张拉美女性人物肖像画邮票，以纪念弗里达。美国两家著名的出版社也推出有关女画家的小说，还有电视版的《弗里达传》纪录片的播出，百老汇也排演了根据弗里达故事改编的舞台剧，弗里达绘画真迹被高价拍卖⋯⋯

凡此种种都让人讶异，弗里达究竟有什么魅力，引逗得那么多人为她神魂颠倒？

想起了很久以前看过的小说，《一个女人一生中的24小时》，好像讲的是女人和激情的故事，黑暗的夜，令人恐惧的狂风暴雨，有灯火亮如白昼的赌场，赌桌上的手，整整好几页比面容还要生动的赌徒的手的描写，那双异乎寻常的漂亮白皙修长柔润而又有珠泽的年轻赌徒的手，在刹那间改变了一个女人的生活，它使她体验到一种极致，一生的高峰，那个女人感觉到在这之前自己人生的苍白以及在这之后从高峰往下坠落的眩晕，这种不预期的遭遇激情使人茫然失措，被猛击有利器穿心越肺，痛、甚而快感，或类似快感的东西改写了一个女人的情感历史。真像是一场豪赌。

弗里达就像小说里的女人一样被猛击了，猛击她的是一辆行驶中的电车。电车撞上了公共汽车，而弗里达和恋人阿莱詹德罗正好在其中的一辆上。不是那双让人印象深刻的男人的手，而是电车上的铁扶手，电车的铁扶手断了，插入弗里达的身体中，铁条穿过身体从另一侧伸出。事后，弗里达说铁杆使她"失去了贞操"。

只受了一点轻伤的阿莱詹德罗抱起浑身是血的弗里达时，以为她要死了。这次车祸中有两三个人当场死亡。

弗里达的伤极为严重，没有人知道她是否能活下来，最要命的是她腰围处的脊柱断了三处，锁骨、肋骨、腿骨、肩膀、骨盆许多地方破碎，她在死亡的边缘挣扎，她告诉阿莱詹德罗"一到夜里，死亡就到我床边跳舞"。

极端痛苦和失去童贞袭击下的女人获得了真实而完全绝对的高峰体验。从某种意义上来说，车祸令弗里达重生。

死神在弗里达的病床边徘徊良久，终于弃她而去。它送给她的礼物是一个全新精彩而有风格的女人。

不久，人们便会发现，她的画和她的生活，她的所有自然的展示，无意识的，也是本真的具有浪漫和想象的活力，是那么地耸动，也因此而有了不可多得的看点。正是那个彩色的墨西哥陶罐。

疾病成全了多少伟大的艺术家？大概用不着细数了，不过，在研究过无数案例以后，著名心理分析学家A·阿德勒得出结论说"身体阻碍是一种能使人向前迈进的刺激。"弗里达因病痛而有了强烈的呈现的欲望，她要将病痛述说出来，以让病痛成为情节的方式对之加以控制，她似乎企图让灾难仅仅局限在画布上，画布让她离开原有生活而进入了有关自己疾病的故事架构中……

弗里达一生中做过几十次手术，光用来矫形的胸衣就穿过28件，有钢质的，皮的，石膏的……她甚至在那件石膏的矫形衣上还画了画。她躺在那里，她的父亲替她制作了特殊的画架，拿起了画笔，一个特立独行的画家就在病床上诞生了。

一点也不奇怪，弗里达画得最多的只能是自己，一个精神的自己和一个肉体的自己。在自画像中，那两者是交汇的。那令人惊奇的破碎的永远绑着石膏衣的身体，仿佛一离开那些架子就会不复组合，身体变做一片一片的碎片。

画像讲述的故事有时比文字更具有情节，而细节也触目可感，弗里达在画中可得永生。正如一位英国心理分析师在一本未完成的自传中说的，"我死了"，后来他接着说，"我看看。我死的时候是怎么回事？我的祈祷得到了回应。死的时候我并没有死……"

说老实话，第一次看到弗里达的自画像被吓了一跳。

后来想，这可能就是所谓的视觉冲击了，它可能在什么地方击中了你，你自己却不知道。但当时却是感觉这个女人不漂亮，神情中有一种令人不寒而栗的东西，看一眼，就想逃开，但忍不住想再看一眼，然后是再看一眼，以至深深被它吸引，一张不漂亮的脸，居然就被看了无数次。而弗里达本人其实是要比她的自画像漂亮得多的，优雅、挺拔，有女人味，她最有特点的是两条美眉稍稍有些连在一起，嘴唇性感，认识她的人都说她的智慧和幽默全在那双杏仁状的乌黑的眼睛里，她的目光是具有魅惑的那一种。她却在画中如那次车祸那样重新组合了自己。

不知道在那个生死之间的空间里发生过什么事，那是一次极度疯狂的浪漫主义游行，它像一份恩准，一份授权或赦免。只要愿意，在那一个特殊的区域，不受常规的约束。

在弗里达的生活中，充满了戏剧性的时刻，她的一生就真的是一部戏剧。所有在常人看来异乎寻常的事，都可以发生在她的身上。

那时，弗里达的画家丈夫里维拉和她的妹妹克里斯蒂娜发生了恋情，弗里达感觉非常受伤，报复丈夫最好的办法，也就是自己也有很多情人。因为里维拉虽然自己生性自由，喜欢追逐女性，也容忍弗里达有女性情人，但他不能允许弗里达爱上其他男人，他可能会杀了他们。

但热情奔放英俊迷人的雕塑家诺古奇无视弗里达的警告，他被弗里达吸引住了，他和弗里达经常在克里斯蒂娜的家幽会，时间长了，有诸多不便，于是，他们计划买一套公寓供幽会之用，这对情人还订购了家具，但因为里维拉名气太大，弗里达是里维拉夫人人人皆知，因而送货的人以为那套家具是弗里达和里维拉的，就将家具送到里维拉的家里，并将账单交给了里维拉，这下，可想而知，用弗里达朋友的话说，"那样弗里达和诺古奇的罗曼史就结束了。"

关于弗里达和诺古奇关系的结束还有个版本也很好玩。话说当时里维拉知道了他们的恋情，立即赶去"捉奸"，弗里达的佣人急忙通知女主人里维拉来了，诺古奇匆匆忙忙穿上衣服，却不料一只袜子被小狗叼走，诺古奇只得舍弃袜子，由院子里的橙树爬上屋顶逃走了。自然，里维拉肯定会看到小狗叼的那只袜子。接下来，里维拉就做了墨西哥男人要做的事——那次弗里达病了，诺古奇去医院看她，里维拉掏出枪来对诺古奇说，"下次再让我看见，我就一枪毙了你！"

诺古奇在弗里达的生活中只是一个小小的插曲，海耶克演的那个《弗里达传》里这个人物根本没有出现过，可见他的不足为奇，如此不足道，却也颇具冲突的要义，好看。可以想见弗里达的一生，那些华彩，会怎样令人动容。

而1937年与俄国流亡到墨西哥的托洛茨基的恋情则更让她具有了一种传奇般的色彩，像她喜欢穿鲜艳的墨西哥民族服装一样，那种激情燃烧的感觉使人过目难忘。

海耶克主演的那个《弗里达传》几乎都是在墨西哥实地取景，有时就会感觉像纪录片一样，忘记了是由别人在演弗里达·卡洛。人们看到现在已经成了"弗里达·卡洛博物馆"的那幢有着亮丽蓝色的房子，在镜头前耀眼地铺展开来，摇晃的镜头，长长的镜头，长长的长长的镜头以后，伴随着音乐，是海耶克，不，是弗里达躺在床上，穿着鲜艳的衣服，与房子的颜色恰成对比，像画一样。她被人抬上了车。这是她的人生快要落幕时分的一个即将到来的再一次高潮的前奏，她是去参加在安布里斯12号当代美术馆举行的首次在自己国家的画展开幕式的。此时，她的健康状况非常不好，不久前她刚刚做过脊椎骨移植手术，被移植的那些骨头又发生了病变，必须再做手术将病变的骨头取出来。这一次，她终于又有了一点小小的胜利的感觉。

弗里达躺在床上出席了自己画展的开幕式，这成了轰动一时的新闻，人们聚集到美术馆来，甚至交通都发生了拥堵，画廊里挤满了人，他们争相向弗里达表示敬意。

画廊中央弗里达躺着的那张床，一个龇牙咧嘴的犹大骷髅被粘贴于带镜子的床顶，脸朝下，看着弗里达，这就像她的一贯作风。一些小些的犹大像从床顶挂下来，床顶上还放满了弗里达的政治偶像的照片，以及她的家人、包括她丈夫里维拉的照片，她的一幅画放在床边的踏脚板上。

开幕式结束后，弗里达离开了画廊，但床依旧在那里，绣花枕头上喷洒着"极品"香水。弗里达以及她的床，都成了展品，有点像行为艺术。确实也有人评价说弗里达的开幕式太像一场秀了。这正是弗里达所喜欢的表演，象征了她的一生，多彩而又令人惊奇的，人文而又有点病态的，一种独特的自我。

弗里达曾说，不要让生活给谋杀了。其实，在某种程度上应该说是生活造就了她。虽然，生活中她曾经有过那么多的不幸。但那些不幸在弗里达那里则被改变了。

从弗里达的画可以看出，她并不是从来就具有那种风格的。1926 年弗里达画过一幅自画像，那时她 19 岁，正在恋爱，这幅自画像正是送给初恋情人阿莱詹德罗的。画像中的弗里达妩媚而深情，是她所有的自画像中最漂亮的一幅。同一时期画的"克里斯蒂娜"（1928 年）以及"爱丽丝·嘉伦特肖像"（1927 年）都是一样的细致而美丽，如同所有女性画家一样，美丽总是在她们画笔下自然流露。

毫无疑问地，与里维拉的结合是弗里达生命中最重要的事情。里维拉是弗里达自小就崇拜的画家，早在她上预科学校的时候就对同学说过，"我的目标是为迪戈·里维拉生一个小孩，有一天我会把我的想法告诉他的。"后来真的她就让里维拉爱上了她，并结为夫妇。可惜的是她受伤的骨盆没有能生下孩子，她曾经流产三次，这也是她的痛苦。她画血污的床和床单，画未能生存的胎儿，画破碎的骨盆，那样地触目惊心。1937 年她有过一幅《我与我的玩偶》，画面正中弗里达与一个裸身玩偶并排坐在一张儿童床上，弗里达表情严肃，与玩偶既定的笑脸形成有趣的比照，她手指间夹着烟。

似乎要感谢生活中的不幸，因为那些不幸带来的悖论被浪漫主义诗人诺瓦利斯看成是刺激丰富多彩的生活的强有力的兴奋剂，尼采也认为疾病可以是创造力。而因为病痛，被划为非常的弗里达可以恣意展示女性的姿态，她享有痛苦，所以她享有生活，也享有了幸福。

而死亡是最根本的痛苦，也是最根本的快乐。弗里达最终让死亡带领她重新开始。

就像艾略特说的——

"我本应对另一次死亡感到高兴。"

艾略特又说——

"我是拉撒路，死而复生，

来把一切告诉你们，我将把一切诉你们。"

冰川下的岩浆

灰暗、沉闷。

在夜晚，在一盏小的辅助灯光的映衬下，电视屏幕上只有一点点灰白的颜色慢慢扩展开来，整个画面看不清任何东西，长时间的都是灰暗在移动。

我不知道为什么还有耐心看下去，大概正是这种不明白提起了人的好奇？

我甚至以为这是一部黑白片，但黑白也应该对比更强烈一些呀。没有色彩，还是没有色彩，长长的镜头，还时不时地"马赛克"，一愣一愣的感觉。不是愉悦的情节带领下的时间滑行，而是有一点下定决心的样子，我跟那种不舒畅的感觉较着劲，它总应该让我们看清一些什么吧。

不知道有多长时间，睁得眼睛都痛了，终于看清了那是夜晚的雪，镜头在雪地上移动，晃晃悠悠的。然后看到了几个人，两个，还是三个？太暗了。太暗了，看不分明他们是不是去酒吧喝过酒，因为他们在打赌，说，那个人是壮还是肥？一个人说是壮，一个人说是肥，是壮，是肥……因这种事情而争论不休，不是傻，就是醉，所以我想他们可能是醉了。

打着打着赌，不知为什么他们居然冲上去对那个人连连猛刺，狠下杀手……后来在审讯时，他们自己抖落了包袱，说是想验证一下那个人到底是壮还是肥，他们说他们是喝了酒了。果然。

一点也不好看的故事开头。委琐，平淡。

但是我还是看下去，因为故事的讲述者是朱丽叶·比诺什。因为对她的戏向来有好感。

19 世纪，在法属殖民地加拿大群岛中的一个很小的叫圣皮耶的小岛上，被判处死刑的杀人犯渔夫，因为没有行刑可用的断头台和刽子手而被延缓了刑期。

有意味的是这个延缓。

比诺什是船长的妻子，而船长执行看管杀人犯渔夫的任务。

船长对妻子的爱充满了故事，长长的、缓缓地讲述的其实是一个丈夫对自己妻子的无限爱意。

妻子比诺什对渔夫发生了好奇，她的眼睛追踪着渔夫。后来她让丈夫将渔夫放出来，帮她做一个花房。

冰天雪地里，什么东西也不会生长的，她却想让花儿生长。丈夫对妻子的心愿从这时开始就从不说不。丈夫望向妻子的眼神有时有点像妻子望向渔夫的。

但，果然。花花草草在暖房里被精心呵护着生长起来，与外面的冰天雪地形成了强烈的对照。有一种奇异的感觉。又好像是一种象征。

生气和笑意异常短暂。在一派冰雪之中，比诺什坐在雪橇上，由渔夫拉着在雪原上狂奔，此时比诺什露出了美丽的笑容。而丈夫在望远镜中放大了妻子的笑容。

没有出轨的行动。如果不仔细观察他们的眼神，你根本不可能想象情欲曾在他们心中涌动。一个死刑犯不自觉地流露出的对生命的热望。

而影片的开头和延续像是割裂的一般。

人们越来越与比诺什一样同情起渔夫来，似乎他杀人是完全没错的，好像他的愚昧很可爱，因为后来的所有细节都在为渔夫的不该杀而铺叙。

渔夫是那样善良，又是那样勇敢，他可以不顾自己的安危挽救一个人和一个活动咖啡屋。事情是这样的，那个活动咖啡屋的底下有轮子，为了防止在原本就很滑的雪地上控制不住速度，人们用绳子捆住了它庞大的身子，一大堆人在后面拉着它，使它慢慢行走。可意外突然出现了，绳子断了，站在上面的人和屋子一起加速度往下坡冲去……用一种"英雄主义"的模式语言描述就是，在这千钧一发之际，渔夫一个人一个箭步冲上前去，奋不顾身地用自己的身体使劲挡住往下猛冲的屋子，在屋子下冲速度稍缓以后，他抽出一根木棍垫在轮子下，终于使活动咖啡屋和屋子上的人转危为安。他终于从一个杀人犯而成了这个小岛的民间英雄。

比诺什似乎更有理由在眼神中加进一点什么去。

然而，渔夫与另一个农妇已经在一起了。比诺什目睹他们俩一同从床的帷幔后面探出头来，她默默地退了出去。

断头台终于被从遥远的法国运来了，刽子手也费尽周章地找到，渔夫将被处决。岛上民众虽不愿意这个曾经有过英雄壮举的渔夫赴死，但也没有其他办法挽救他，只得观望。而比诺什却一定要渔夫逃跑，无论如何要他逃跑，而渔夫的脱逃将直接危害到自己的丈夫，她的丈夫是渎职的罪。

后来，渔夫不肯逃跑，最终上了断头台。而她的丈夫也终因比诺什的原因，一再顶撞当地官僚而被开罪，死于枪决。临终，她丈夫对她说：我永远爱你！

为什么片名叫《雪地里的情人》？谁是情人？一直是比诺什和渔夫以及其丈夫的戏，而比诺什与渔夫的情感戏却几乎不着痕迹，有时甚至怀疑那是不是我们所惯常理解的那种男女之情，甚至是不是比男女之情更宽广一点的情感呢？那到底是一种什么样的感情？

正是法国电影的妙处，让人在漫长的等待之后，又有漫长的回想，想过多遍以后，就将那个形象记在了心里。

最终想，又有什么感情是说得清道得明的呢。

比诺什在这部电影中是含蓄的，太内敛了，不是她的风格，整个就是沉闷。在她沉静地内心独白着的时候，我会想到《烈火情人》中的她，那样一种热情灿烂，一种情感的不受控制和爆发，一种完全的情感的女人味，我曾经以为，比诺什的热烈是无人能比的，然而我没想到的是，比诺什还可以是冰川下的岩浆。一种完全的不动声色。

当然是《烈火情人》比《雪地里的情人》好看，我喜欢明朗和热情。

被冰冻的受到压抑的情感可能很可审美，但毕竟是另外一种更内涵的情感体验，沟通需要更多的内在。有点累人的。

邂逅·分手·恋爱感冒

我们偶尔碰头，然后再度邂逅；我们无奈分手，然后音讯悠悠。

我们再度找到对方手牵手，再度送暖分忧；然后再度分手……

——法国《祖与占》里的一段情歌

忠 贞

《忠贞》又名《情欲写真》(la fidelite)，题目翻译得很有意思，正好是截然相反对立的两种形态。不过，想通了，两种完全不同的翻译恰巧倒是说的同一件事，如果没有被规范以外的燃烧的情欲，那将如何体现忠贞呢？有情欲，而又被努力控制了，那就是对另一个人的忠贞了，当然，现在还是分不清这忠贞到底意味着什么，是对丈夫，还是对自己？或者有没有"忠贞"的必要。

苏菲·玛索依然是风情万种地从镜头深处向观众走来，不，是向镜头外面的前情人导演安德烈·左拉斯基走来，镜头跟着她仪态万方地急速行走，风衣在镜头前随风起舞，我们好像能感觉到那种猎猎的声音。当然，观众是有些自作多情的，这所有的风情肯定不是为观众展示，她是在向着安德烈·左拉斯基走去，没观众什么事儿，观众自然也不能改变什么，只有旁观的份，虽然他们惊艳于她的那双褐色眼睛，动情于那微微翕开的双唇，但他们并不能左右故事的发展。

尽管故事的进展完全掌握在安德烈·左拉斯基手里，但他也不得不眼看着苏菲·玛索不忠地与后来要成为她丈夫的克列夫一见钟情地堕入爱河。银幕上，急速行走中的苏菲·玛索与克列夫相遇了，克列夫对苏菲·玛索惊鸿一瞥，便完全为苏菲·玛索所征服，他们飞速地将两人的情感进行到非常彻底的地步，那种快速，是要令向来老套保守的中国观众大为吃惊的。法国人的浪漫有口皆碑，此亦为一例。只不过到此为止事情还是照着人们可以理解的方向发展，人们高兴地看着他们走进婚姻的那扇大门。

进了那扇门，不是故事的终结，而是新故事的开始。安德烈·左拉斯基似乎觉得苏菲·玛索的背叛还不够，他要让她进入一次新的激情，再来一次背叛。年轻的摄影师尼莫的青春热情，又一次鼓动起苏菲·玛索的情欲——因此而有了——情欲——忠贞的故事架构……

苏菲·玛索向丈夫坦白了自己对于年轻摄影师的动情，她暂时离开丈夫，去体验一种新的感情。而在年轻的摄影师那里，她却坚守着肉体的忠贞。后来她回到丈夫身边，向丈夫表白自己的回心转意，可惜她丈夫这时为嫉妒所激怒，怎么可能相信她关于忠贞的信誓旦旦？

在旁观了苏菲·玛索所有情感发展经过的观众看来，

她丈夫克列夫的不肯原谅是有些愚顽的，全知全能的观众为苏菲·玛索大呼冤枉，她确实是为她丈夫守身如玉，在经过了激烈的情感斗争以后，她义无反顾地回到了丈夫的身边，却得不到丈夫的理解。更不幸的是，由于丈夫对她的激怒而意外身亡，纵然苏菲·玛索呼天抢地，也已是回天乏术。此时观众为克列夫的死感到可惜，也为这一对璧人没有能够白头偕老而惋惜。

观众已经忘记了忠贞到底是什么——对丈夫，苏菲·玛索可能是情和欲都有一些的，对摄影师可能有情有欲而却纵情而节欲，对其他人，比如有时对自己的摄影模特她无情却有欲——苏菲·玛索到底忠贞吗？对丈夫而言，她与自己的摄影模特有染是对丈夫身体的背叛，而对摄影师的激情荡漾则是对丈夫情感的背叛，事实上，她丈夫的死，为自己是一点也不冤枉的。可反过来看，说不定这正是苏菲·玛索的忠贞，她认为身体是自己的，与丈夫没有关系，因此那些逢场作戏根本就不是对丈夫的不忠（有意味的是，有一场戏拍她进入一个男子淋浴室摄影，突然她与其中一位拍摄对象有了某种感应，他们开始造爱，这时，镜头给了苏菲·玛索的脸一个大的特写，那是一张迷茫的无动于衷的可令人引发无限怜爱的脸——完全的事不关己），而一旦与别人发生了感情，却必须向丈夫讲清楚，这可能即是对丈夫最大的忠诚，或者在旁观者看来，苏菲·玛索是在对自己的感情宣誓效忠，可能她自己亦不自知。

大概人们也只有对自己才是最忠贞的。或者站在女性的立场，体会苏菲·玛索对自己的忠贞，也就有了另一番感受。迷惑的是，感情和身体（精神和物质）到底是如何关联的呢？

芳　芳

《芳芳》（FanFan）拍摄于 1993 年，比《忠贞》早，那时的苏菲·玛索也确实要比现在年轻，那是一个烂漫的时代。

那天风雨大作，一个后脑勺扎着粗粗大辫子的姑娘从窗外一跃而入屋内，双手撑地，倒立着在屋里兜了个圈，然后又是一个腾越，轻轻松松地站了起来。哇！
一脸雨水、一头乱蓬蓬头发衬托下的竟然是一张如此青
春美丽生动的脸！从这时开始，观众的眼睛就不可能再
从苏菲·玛索的脸上移开。她将引领观众走完她的爱路
历程。

屋内的那个人后来成了她的情人。现在他们彼此自
我介绍了，然后讨论如何就寝，只有一间卧室一张床，
没有其他办法，只能两人睡同一张床。一个俊男一个倩
女，突然睡在同一张床上，观众知道要发生些什么，也
期待着发生些什么——

可导演总要吊足观众胃口——什么也没发生。但
这不符合常理，观众继续等待着……故事就是在这种等
待中展开，一点一点，全是细节和琐事，但却完全没有
琐细的感觉，唯美漂亮一丝不苟。一如所有精致的法国
电影。

云达巴赫斯饰演的亚历当然与观众一样不可能对枕
边如此美女无动于衷，况且苏菲·玛索不仅长得令人动
心，她那种阴晴不定的个性更加具有强烈的吸引力，她

笑容灿烂，眼神迷离……她的一切是那样的琢磨不透。然而，亚历害怕那种一旦拥有却永久丧失的结果，他要永久拥有她，就必须从来不曾拥有——又是一个谜一样的悖反。

亚历的重要决定就是对苏菲·玛索的感情永不涉及情欲。生活中亚历另有女人，他们如所有庸常的男女一样过日子，然而对于苏菲·玛索狂热的精神恋爱已经伤及亚历和他的世俗伴侣，当亚历的世俗伴侣终于认识到亚历的心不属于自己时，她离开了他。

而亚历却并没有因为世俗伴侣的离去而得到解脱，他只是更全心全意地用整个心去爱苏菲·玛索，他内心与她越接近，行动上却越远离她。在那一刻已经被亚历深深吸引的苏菲·玛索则完全不明亚历的用意，她也并不知道亚历已经在自己的隔壁租屋住下，她和亚历其实只隔了一层玻璃，他看得到她，而她看不到他……是一种咫尺天涯的伤悲。

故事对爱情提了一个很好的问题，可惜却没有更深刻的答案。一个满足观众愿望的大团圆结局让这对有情人终于走到了一起。故事是可以这样结束的。可生活呢？生活中那种得到却失去的失衡无论如何也不会因为良好的愿望而随人的意志转移。苏菲·玛索对亚历说，每个早上我都会离开你，每个黄昏你都要把我追回来，一天一天爱下去……

这仅仅只是一种苍白无力的挣扎罢了……

一个故事的结束，可能正预示着另一个故事的出发——大团圆以后，将是日久生厌，是爱情的消失，日复一日，永远是激情的敌人。激情只能是短暂的，稍纵即逝。也只能是生长了又死亡。死亡以后再生长……

而死亡才是永远的结局。

苏菲·玛索

在《勇敢的心》里，苏菲·玛索与梅尔吉普森有过合作，梅尔吉普森赞扬苏菲·玛索说"是的，她很漂亮……这个角色需要至少两个以上的因素。"

看过苏菲·玛索的一些电影，就会发现，苏菲·玛索不仅具备了两个以上因素，可以说她具备了所有的因素——一种全方位的开放性——一种不确定性。就像她所演绎的爱情，不是模棱两可，而是模棱无数可。甚至就像回到爱情的原始状态时一样，一万个人可以有一万种爱情，而对开始经过结局都一样的爱情，也会发生根本不同的理解。闪烁其辞没有定规。

罗兰·巴特把他的《恋人絮语》称作为"一个解构主义的文本"，他认为这本书的无结构状态是与爱情本身的无可结构相一致的，恋爱时有万千语絮，一有风吹草动就纷至沓来。爱情是一种情境，千头万绪，变化万端，有时不可凝视，有时却可待追忆。"对爱情，我是怎么想的？——实际上，我什么名堂也没有悟出来。我确实很想知道爱情究竟是怎么一回事，但作为一个当局者，我所能看到的只是它的存在，而不是它的实质。"而事实是罗兰·巴特还原了爱情，让爱情的原初态呈现在读者的面前——一种缥缈的不可规定的物质。

曾经，在电影中从来不确定的苏菲·玛索，对自己的爱情，倒好像很确定，她说她喜欢人们白头偕老的感觉，她甚至相信，尽管她和她的情人导演安德烈·左拉斯基都在成长，但内心深处的自我却依旧不变。她喜欢和左拉斯基合作，因为她知道每次合作都能摩擦出不同的火花。与左拉斯基虽然没有结婚，但他们已有了一个孩子。他们的爱情很人间烟火，除了结婚仪式，似乎有点接近传统和保守了。

而那样的想往，终究也抵不过时间的嘀嗒，最终导演安德烈·左拉斯基还是只能是苏菲·玛索的前情人，这个文本指向了一个很文艺的结局：男女之间的感情不需要"白头偕老"之类的世俗观念来作背书。

现在，对爱情耿耿于怀的人又有多少呢，大家只不过爱看别人的爱情而已，那样就不会伤及自己。有名的王家卫有一句与王家卫一样有名的名言：爱情在 60 年代是一个很长很大的病，爱一个人可能是 20 年、30 年的事，现在则不可能有那么长的病——现在只可能是一个小感冒……

感冒也是病，不要生病是现在人的统一认识。大概若干年后恋爱感冒也将会不治而愈。

而伤风咳嗽感冒所有的病都将在银幕上由苏菲·玛索们来演绎。观众就真的做回观众，观赏爱情，观赏美女，观众是单纯的享受，他们不再痛、不再冷，也不再有生长和死亡的欣悦。

　　那么，再看苏菲·玛索们的爱情还有什么意义？

罗曼史・布蕾亚・自由飞翔

　　一些看起来光鲜艳丽的日子，却让人感觉到了无意趣的慵懒。

　　生活中充满了事情，忙碌、忙碌，完了一桩事，再赶着做下一桩事，事事都为了实利，最沉闷的实利主义使生活变得黯淡无光。这是在忙完了所有该忙的事情以后，终于坐在电视机前，脑子里一片空白时，突然生出的百无聊赖。没有什么东西是可以让人兴奋的，是青春不再，还是生活确实发生了太大的变化，以至我们这些曾经将青春的所有热情浸泡在那些经典精神中的人在失去了精神的高峰体验以后，一下子滑落到了谷底而感觉到了苍白？

想起那些如饥似渴的日子，坐在简陋的桌前，青灯一盏，手底下的书发出哗啦啦清脆的声响，我们就进入了一个无所羁绊的世界。

1830年的法兰西，秩序井然得就像凡尔赛花园里的林荫道一样，尽善尽美到令人感到憋闷的地步。法兰西的统治者，那些老人们，则宠爱着他们认为的那些品行绝对端正、衣着完美、日后有资格成为公务员的年轻人。这些年轻人很少有自己的想法，循规蹈矩，克己忍让，他们是旧时代很优秀的承传者。而另一些年轻人，却被内心的激情燃烧着，他们喜欢剧院的气氛，因此经常聚集在剧院里，将头发垂至腰部，穿着猩红色的缎子紧身上衣（为了对传统的灰色表示愤慨），对权贵们怒目而视，他们认为那些权贵俗不可耐。他们确实是一些艺术天才，其中有日后如日中天的大作家巴尔扎克，有画家兼诗人戈蒂叶，有作家诗人涅瓦尔……他们有理由对同时代的人表示蔑视，他们当然可以怒斥那些人追逐地位、逢迎权贵，是乞丐、寄生虫，因为在以后的不多几年里他们就为法国创造了第一流的文学和艺术。那些文学和艺术如法兰西民族一样不朽。

法国文学艺术的浪漫派，从那个时候就高扬起了自己的旗帜。

而一般人对于浪漫的理解却并不包含以上的那些意思，人们对法国人性情中的热情和奔放以及艺术性一言以蔽之曰"浪漫"，因而法国人的浪漫著名于全世界。

就说电影，法国电影完全不同于美国好莱坞的电影，虽然它节奏那么慢，不似好莱坞的轰轰烈烈刀光剑影，应该说好莱坞的电影更加符合现在的生活节奏，但，法国电影却还是让人不肯放弃。它隐含的那些人性内质的东西，常常会令人怦然心动，它更加具有一种忧伤凄然的美丽，缓缓的，却缓缓地将人带入他们那种固有的，也只有他们才有的那种不同于所有其他民族的浪漫中去……

有时想，法国电影的这种浪漫，可能是脱胎于他们文学的浪漫的，甚至于随着时间的河流追溯上去，一直可以到达 18、19 世纪那个时代。那种源远流长不认同固有世界而一意寻求精神创造的喷薄浪漫。

有评论家认为，法国电影之所以能与以好莱坞为代表的世界电影抗衡，是因为它是以"作家电影"而成为其鲜明特色的。法国有很多这种文学与电影双栖的创作者，称为"摄影机——钢笔派"，他们只有极少的制片经费，却拥有极多的创作自由，他们可以扛着摄像机随心所欲地拍摄，只凭自己的感觉，完全不用顾及市场因素，那不是他们所考虑的，因而这种写作最大限度地解放了创作者的思想，而使法国电影无论从影片的创意还是深度来说都远远高于好莱坞的大众电影。

1949 年，当凯特琳·布蕾亚（Catherine Breillat）降生时，离那些最轰轰烈烈的浪漫派作家创作的时代，已有一百多个年头，然而，她就降生在这个具有浪漫而开放传统的国度里。

然而，她比前辈们可能走得更远。

是一种女性与生俱来的意识，使她大胆超越男性的一统天下，正如同当年那些男性天才极力打破的是禁锢他们自由思想的旧的一统天下。她的反抗静悄悄的，却让所有的人都大吃一惊。她19岁时写的第一本小说《容易相处的人》在1968年出版的时候，就被列为18岁以下禁止购买的限制级小说。然后，在23岁时，她参与演出的第一部电影《巴黎最后的探戈》，是意大利著名导演贝托鲁奇的经典情色电影。再然后，她更加无羁。25岁时，将自己的第四本小说《气窗》拍成她的第一部电影《爱欲解放》（Une VraieJenne Fille）。电影刚拍成，就遭到了当时知名的《费加罗报》的批评，指其"对身体亲密关系的公开展示、玷污和侮辱，使女性蒙羞"，电影被禁演，一禁就是24年，一直到接近21世纪的1998年才得以公开上映。

凯特琳·布蕾亚的几乎所有作品都竭力挑战法国乃至全世界的道德尺度，像她这样大胆和不顾一切的喷涌的创作和思想，也只能生长在法国这样的地方。不管凯特琳·布蕾亚挑战什么，其实，法国正是她的土壤，是法国让凯特琳·布蕾亚成为了凯特琳·布蕾亚。

凯特琳·布蕾亚集作家、编剧、导演、演员于一身，就像那些"摄像机——钢笔派"一样，完全彻底自由自在地表现自己，她对于女性性别的表现，甚至于振聋发聩——难道女性也可以将性别表现得如此"色情"？然而，为什么不可以？难道不可以吗？而事实是在她以前，没有哪个女性曾经如此描写过如此的情事性事，似乎女性对于性的想象仅止于"爱情"，一些优美的优雅的眼风，一个美好的团圆的结局——女性如果不淑女，她的女性角色是要被怀疑的——男性对于女性角色的规定和训练，使女性早就集体无意识地成为了所谓的女性，再叛逆的女人，也不敢，甚至从来没想到过越此"雷池"一步，只要她还自我意识为女人。

性别，从来就一直是女性的软弱之处。

对于性别，女人羞于启齿，女人只谈爱情。在爱情的覆盖下，欲望的河流在地底下奔涌——山峦起伏，草木森森，大江大河可以气势雄伟地一泻千里，而女人的河流只能在暗处涌动——从来就没有如山峦草木那样理直气壮过。女人甚至于都不曾意识到这种暗流的澎湃。在男人——社会习俗的框子里，女人们生息繁衍，兢兢业业，恪守妇道，将涌动和爱情混为一谈。

而凯特琳·布蕾亚却不知怎么发现了其中的滑稽之处，她作为法国某种电影的先驱，其实更恰切一些讲，她作为女人的先驱，将自己的发现表达了出来，而且，她的影响力正在持续发酵中……

男人的判断——社会习俗的判断难道永远都是正确的？

凯特琳·布蕾亚说"不"！"我们活在一个强迫接受道德的病态社会，我企图操纵影像去刺激观众，让他们思考自己为什么会有这些（坐立难安的）社会制式反应，然后明白这些恐惧和反应没什么大不了。我这样说是因为我是第一个被这些主题和影像扰乱的人。我是个清教徒型的人，但你必须长大，并克服这些不合逻辑的反应。""我们须改变美学的符码……道德的反感来自美学的秩序，我们必须挑战器官让我们害怕的事实……"

《罗曼史》（Romance）实现了凯特琳·布蕾亚的这种宣言。她用令人不寒而栗的极度冷静的语调，准确地描绘法国年轻女子玛丽使人瞠目结舌的性旅程，玛丽用身体获得了掌控生活的权力。

正如凯特琳·布蕾亚所称，她毫不费力地挑战了人们的审美习惯——看上去非常般配的玛丽与男友保罗之间却没有激情，日子死死的，保罗宁愿在咖啡馆看书也不愿早些回家与玛丽团聚，玛丽百般无聊，寻找别的男人玩邂逅游戏——那样漂亮而年轻的玛丽先是与过路的一个莽汉"露水夫妻"一场，继而又与又老又丑的学校同事"假戏真做"——那种年轻与年老、美丽与丑陋的对比令人揪心，剧中人自己也意识到这种对比的冲击力，因此而激情荡漾……

结局是，玛丽有了老男人的孩子，而保罗则在一场事故中身亡。玛丽以保罗的未亡人的身份出席了葬礼。怀抱着孩子，玛丽似乎心满意足。

完完全全的不合常规和逻辑，却令观者动容——一种反常中的真实，一种真实的虚构——难以描述的感觉，则被描述得那样精准。

法国的浪漫，一部《罗曼史》岂能包罗？然而，凯特琳·布蕾亚的浪漫，让人对于法国的浪漫又多寄予了一点希望，这终究是一个能够出伟大人物和思想的地方，因为他们的浪漫和不羁，他们的自由和勇于打破，将让人看到思想和感觉自由翱翔于天际的美丽景观。

有一个叫埃尔耐斯特·福意内的浪漫派诗人写过一首代表全体浪漫派诗人题赠给维克多·雨果的十四行诗《给两个幸福的人》，虽然福意内早就被人忘记了，但他那首诗里的一句话还经常被引用："为了让香散发香气，必须把香燃起。"

是的，生活需要经常被燃烧。

幸福是什么

我来到森林，因为我想悠闲地生活，只面对现实生活的本质，并发掘生活意义之所在。我不想当死亡降临的时候，才发现我从未享受过生活的乐趣。

我要充分地享受人生，吸吮生活的全部滋养……

——亨利·戴维·梭罗

T台上已经在展示秋冬季节的服装了，那些毛茸茸的领子袖子，看着就热。但看来这是这一季的风尚。其实热感是现在身处的季节而引起的，事实上这一台服装让人感受到的更多的是一种似乎让人无力自拔的冰冷的优越感。模特儿有点慵懒又有点兴奋的猫步乱七八糟，穿着4厘米以上的高跟鞋，晃悠晃悠，只要有人在高跟鞋上动一点手脚，她们就会在T台上摔一跤，那种冰冷的优越感将荡然无存，而引发一阵爆笑，当然这是类似小孩恶作剧的怪想法。秀场上黑色背景下继续着静谧的柔曼，音乐也配合着这气氛似忧郁又似谐谑。设计师大概想酝酿出一种浓郁的意乱情迷的情致，在这一季节里却有一种搞笑式的滑稽。

据说时尚总是领先一步的，因此时尚就走在了时间的前面。而大多数人则跟风，在一部分人引领的时尚后面跟跟跄跄，这让时尚成为很赚钱的产业有了群众基础。当T台的滑稽成了现实的滑稽时，就更加滑稽了，哈哈哈。不过，只要有钱赚就好。

偶尔翻书，看到梭罗也在谈论衣服，虽然离现在已经100多年，但他说的东西倒一点也不隔，他写得很详细，是一桩有头有尾的事件，有时间的话，慢慢看还蛮有意思的，他到底是令人折服的作家，会在不知不觉间影响你，只要你阅读他的书。那一段关于服装的叙述是这样的，简约来说，是有一次梭罗要一位女裁缝做一件特别款式的衣服，女裁缝告诉他，现在大家都已经不做这种款式的衣服了，其实是她怀疑梭罗要求做这种款式的衣服是不是不太正常，梭罗知道跟她讲道理是无用的，要她做这件衣服，也还得搬出大家来。梭罗说，是啊，大家近来确不曾做这种款式的衣服，不过，现在开始大家又在做了。女裁缝这才如获神谕，赶快给梭罗量体裁衣。估计在给别人做衣服时，她会提出让人做这种款式，因为她刚从梭罗那里得知这款式是新时髦。

自说自话如梭罗自然受不了人云亦云，他大发议论说，对在这个世界上要借助于别人的力量去办成几件简单而普通的事，感到失望。但是没有办法，当时事实就是如此，"巴黎的猴王戴上了旅行帽，美国所有的猴子便全都来学样。"梭罗说。梭罗对人心的了解应该是相当透彻的，他知道男男女女对服装新式样的幼稚又原始的爱好，使很多人心神不定，眯着眼睛如看万花筒似的研究

面料、图案和款式，但他们的爱好是反复无常的，两种
式样的不同之处无非是少数几根线条带点特别色彩，如
此，一种式样会大受欢迎，另一种则无人问津，不过，
可能过了一季，情况又反过来了。

对服装的这种出尔反尔，只是人心对物质和由物质
而产生的附加光芒无限渴念的一种自然流露。

看穿了这种鬼把戏的梭罗在瓦尔登湖边的森林中过
自给自足的生活，他认为只要有一些生活必需品就够了，
这种生活必需品是指一个人靠他自身努力所得到的任何
东西，而对于许多人来说，这种必需品就是食物，以及
食物所代表的生存——食物、住所、衣服和燃料。"因为
在我们获得这些必需品之前，我们是无法自由地考虑人
生的真实问题以及成功的前景的。"梭罗自己就在林中砍
伐树木给自己盖了那著名的林间小屋。至于在网上看到
有人用现在的环保观点说他破坏绿化，真为瓦尔登湖边
的树林难过之类，是另外的话题了。梭罗住在林间小屋
里，只要少数工具，一把刀，一柄斧头，一根铁锹，一
辆独轮车，他说对于勤奋好学的人来说则还要有灯光、

文具再加上几本书。这就是他的生活了，劳动加上思考。

然而，人类一思索，上帝就发笑。虽然思索也是上帝造人时送给人类的礼物，但又有什么用呢？其实，人类的命运早就被安排好了。

所以，梭罗的思想其实与东方那个古老民族几千年前的老子是一样的，老子说，自胜者强，知足者富，因此这个民族有流传非常广泛的思想为"知足者常乐"，意思是知足的人会得到幸福，但已经几千年过去了，有几个人知足，又有几个人感到了幸福呢？

过了几千年，在地球的另一边，又有一个人在煞有介事地进行重复劳动，他的结论是，周围那些人的不幸在于非得去继承农庄、房屋、谷仓、牲口和农具不可，因为这些东西得来容易摆脱难，倒还不如他们出生在空旷的牧场上，由狼把他们喂大，因为那样他们会看得更清楚：他们得在怎样的一片土地上劳动。而一旦有了物累的人，他们就可怜了，一生下来就开始自掘坟墓，他们必须过人的生活，肩负着自己所拥有的东西，尽力将日子过得更好些，他们就被日子压得抬不起头来了，满脑子都是人为的忧虑，"这就造成了他们无法去采摘生命的美果。"

为什么要将丰富多彩而又充满欢乐的人生化为单调乏味而又无聊的生活呢？他问道。我们知道他所说的丰富多彩和充满欢乐是指什么，那是他所拥有的思想的多采和欢乐，但我们知道他不是由狼喂养大的，他受教育，所以他思想。他肯定拥有过奢侈品，因而他说奢侈品以及许多使生活过得舒适的东西不但不是必不可少的，而且有碍于人类的崇高向上的思想，而如果他从来没有拥有过奢侈品，他说这话又有什么说服力？

"我的幸福在哪里，我要找到它"，人们唱道。说老实话，很多年来，人们的生活已经发生了根本的变化，科技还在不断提升着人们的生活，有人预测，再过 100 年，发展中国家的人也许会生活得像今天发达国家的一样好，而发达国家人们的生活水平将赛过国王。但人们并没有感到幸福，也没有为人类的这种看来光明的前景而欢欣鼓舞。"经济增长的胜利并不是人性战胜物欲的胜利，而是物欲战胜人性的胜利。"（理查德·伊斯特林）上帝将物欲和人性同时赐予人类，这场战争谁输谁赢又有什么区别呢？但人类总是不死心的，因为他们向往幸福。

已经有很多智者给人们指明了幸福之路，知足常乐，少即是多，因而前一阵子有了"简单生活"的时髦。有两个美国人写了书讨论如何简单生活，她们认定，生活一旦简单了，就会感到幸福。但看书，怎么看怎么不简单，因为获得幸福的秘诀有几十条之多，看看就不胜其烦，哪来的简单！

要说简单，中国人的生活肯定比美国人简单多了，那书上教导人们怎样把大房子卖掉换小房子，卖掉游艇，车子不要那样豪华……中国人本来住的就是小房子，游艇，不要说拥有，连想都没想过，要说，中国人应该比美国人幸福，但谁感到幸福了呢？幸福在哪里呀，幸福在哪里？伏尔泰说，幸福是一种幻觉，而苦难是真实的。拥有很多物质并不感到幸福，但这不是苦难，苦难是物质贫乏甚至是没有。少并不是多。

在报纸上看到，一个身患绝症的人因付不起昂贵的医药费而要求安乐死，因为没有有关法规而无法实行，他活着，每天至少得付 500 元，其妻女因此而负债累累，根据她们目前的收入，可能此生都无法还清。这个人的母亲许多年前也是患了绝症，他要求医生给母亲实施安乐死，后来他和医生双双被判入狱，直到这次得病，他才离开监狱。报纸上也有他的照片，骨瘦如柴，惨不忍睹。物质应该是让他们渡过难关的东西，但他们没有。

人们不知道拥有多少才能此生无忧，正如动物不知道储存多少食物才能度过那个漫长的冬季。有的时候人对物质的追求是贪欲，而有的时候人对于物质的占有欲望则可能完全是因为基于安全感的考虑，你怎能分清这之间的差别？

生存，是最基本的，和幸福无关。幸福是什么？幸福可能意味着你能够实现自己的梦想和解决自己的问题。

没有爱情的人，找到爱情是幸福；寂寞的人，有人陪伴是幸福；缺钱的人，得到钞票是幸福；生病的人，恢复健康是幸福……少对于贫瘠的人来说是苦难，而只有对于太多的人来说才是幸福，所以，简单是复杂的人的幸福……

因此，有个美国人发现了所谓"自然之子"梭罗的秘密，"没有什么东西比真理还要真实"，真实的事情是，他在林中的隐居，就像孩子在自家后院玩丛林中野营的游戏。因为从他居住的地方视野可及附近的高速大道，铁路在远处通过，可以听见火车汽笛的鸣叫，他还每天都要到附近的康科德村去一次，而他的母亲和姐姐就住在离他不到两英里的地方，每个周末给他送来满篮子的食品，有果饼、甜点和饭食，他又经常回家，将家里装点心的坛子舔得干干净净。当时，康科德一带还流传一个笑话，说艾默先生摇响了晚餐铃，梭罗从林中猛冲出来，手里拿着餐盘排在队伍的最前面。

他的小屋还是他与许多作家的聚会之所，有一次有个社会团体在他那里举行庆祝年会，小屋一下子来了25位访客。"那根本就不是什么寂寞之所"，沃尔特·哈定在他的《亨利·梭罗的日子》里写道。

哈佛毕业的梭罗只不过为了写作而过了一阵子与自然较为亲近的日子，他写完那个有趣的故事，又回到物质的文明世界中去了。

这是一个实践了自己创作的人的幸福。

而还有许许多多别的人没有可以自由选择生活方式的幸福，他们还在寻找，希望幸福如约而来……

幸福是一种幻觉，就像歌里唱的，"我是飞翔的翅膀，要自由要寻找，一群闪亮小岛排成很大的微笑，叫幸福群岛"……

幸福在遥远的地方等候你。

幸福可能就在于当巴黎的猴王戴上旅行帽的时候，作为一个猴子，有学样的资格。

能够坐在 T 台前看作秀，能说不是一种幸福吗？

飞鸟和游鱼

当我在张宗子的《开花般的瞻望》中读到关于"自由"的文字时，特别羡慕作者的奢侈。后来慢慢往下读，才知道了他的"自由"的由来。

我们先来认识一下张宗子的那只"走兔"。有意思的是那些形象，让人印象深刻。话说，秋天被收割过的庄稼地里，常常会跑出一只灰色或棕黄色的野兔，"闪电一样在逐渐变得光秃秃的田畴间划过"，它貌不惊人，但有惊人的迅疾。然后是秋阳中刺猬和乌龟的匍匐和酣睡，这两只动物的出场当然是为了给野兔作参照。农人无从顾及野兔或者刺猬或者乌龟，但野兔不管，依然撒腿飞奔，发狂一样。

野兔为何狂奔？"恐惧是催生天才的伟大力量……在所有华丽的面具之后——创造奇迹的是同一张脸……"兔子恐惧，它甚至没有时间看看后面是谁在紧追不舍，它不敢回头，因为所有的哪怕是一分一秒的耽搁都有可能致命，因而它一路除了狂奔还是狂奔。

好了，读到这里，读者和作者的距离逐渐拉近，原来大家都是那头走兔——奔突、冲杀，以为自己在奋勇前进，而其实只是夺路逃命——呜呼哀哉亦喜哉——既然人同此命，还有什么好抱怨的。

只是在逃命以后，人和人就开始了不同。野兔终于跑累了，再怎么恐惧也已跑不动，它只得停下来歇口气，顺便回头一望，什么也没有——失望咬噬着它，也让它失去了奔跑的意义，因此它终于倒地而亡。而有人在停下来的一刻，突然如受天启："生命不能永远是一个未定的结果，不管跑多么值得骄傲，其他可能，至少可以想一想、试一试，哪怕前功尽弃，哪怕冒断送一生的危险……"因而他想到了自由，他向文字传统中去寻求那种自由感，中国文字的传统中，有飞鸟所需要的无限高远的天空，也有游鱼所热爱的深邃而无边无际的宽阔的大海。据说，君子善假于物，而决不为物所物。这个时候，他们从走兔演化成自己精神的主人。他们优游于其中而不亦乐乎。这个时候，猫、甜点、香艳、夜读、时尚、梦魂、枸杞、德彪西……一应物件都可假借之，托物言志乎？或者，也不言志，只是家的感觉，归宿的感觉，"安详、亲切，如友情，亦如深厚的爱。"

读到此时，就觉有境界了。想起了被作者所救的那条小红帽子鱼——鱼不见了，怎么找都找不到，满屋子找，池子、杯子、盆子，连床底下都找了，依然不见踪影。但后来居然在晚饭时的玉米碎肉洋葱汤里发现了它，而奇怪的是它在热气腾腾的汤里游泳，难道它将那堆杂菜当作水草？热汤被它误解成温泉？总之匪夷所思。鱼从"温泉"回到自己的鱼缸之家，复如初。

写到这里我还是挂念那只已经死了的兔子——如果兔子是被关在笼子里的呢，或许不会这么快死，它在笼子里享受自己的精神，做自己精神的主人。只是非常不能确定的一点是，身体不自由，精神会自由吗？或者身体的不自由可以换来精神的自由？又或者只有身体的自由才会迎来精神的大自由？那只在田野上奔跑的兔子，至少有行动的自由，它可以奔跑，有无垠的田畦供它撒欢，正如飞鸟在天空和游鱼在海里一样。

做一只被关在笼子里的兔子好，还是做一只被恐惧逼迫得到处乱窜的兔子好？裴多菲的诗被广为传诵，至少证明了一点，自由有时是必须要舍弃一点什么的，甚至生命。

少年情怀总是春

　　先说一个故事。早几年，朋友在网上与一个德国人相恋，我不太能理解那种情形，问她，她说就是聊啊，英语就那时候练出来的，那时将自己本科和硕士时读的德国文学、哲学的储备都调动起了。聊文学和哲学可以聊得两情相悦，那种恋爱好像很古典，形式却是再现代不过了。后来德国人来这里见她，彼此都觉得没必要再浪费时间，没多久双双飞赴德国结婚过日子去了。

　　当读到《尘世的爱神》时，不知怎么就联想到了朋友的那位德国丈夫。那次他俩来我家，德国先生高高的身材红红的脸膛，还有害羞的样子，给我留下了很深的印象，知道他爱看书，我还送了他两本精装很漂亮的有关中国文化的书。

他们大约有两年的幸福时光。某一天，德国人外出旅行，在荷兰偶然遇见了自己少年时（大约18岁）的初恋情人，情人也已成家，但没想到已逝的情感却死灰复燃，而且轰轰烈烈。回家后德国人和朋友摊牌，欲与初恋情人再续前缘。最后自然是朋友与德国人离婚而告结束。我旁观了这段情感的发生发展和结尾，总觉得情节似曾相似，太像小说了。不知是这位德国人读了太多的小说而中毒，还是生活本来就是如此，小说只不过是照抄了生活而已。

而现在小说主人公阿尔伯特却正是少年情怀时，小说将揭示他精神成长的历史。

阿尔伯特学的是艺术，这有点让他觉得自己好像缺乏一点阳刚之气。其实他对自己一直不满意，身体和精神总是与自己作对，在他研究的那些画家的作品中，也总是让他看到性，那时他就会浑身痒痒，而且是无处抓挠的那种痒，骨头、肌肉、皮下的痒折磨着他，他感到无法逃遁。在回答教授的问题时，表现就很差，关于那些画家的许多书他都还没有看过，或者，看了也说不上来。他想，体育运动能帮助他，然而，在游泳馆他看到的尽是着惹火泳装的女孩，他躺在躺椅上，佯装看报纸，将报纸弄出个洞来看女孩子，或者看女孩子和其他男孩亲热，他研究了一个女孩好几天，当他终于鼓起勇气向那女孩打招呼时，女孩却瞪了他一眼。总之，他还是浑身痒痒，却不知道做什么好，甚至跑到一所奇奇怪怪的医院将自己倒吊起来。

电影《玛莲娜》的背景虽然和《尘世的爱神》完全不同，而少年成长时对异性的偷窥却是一样的。那是个战乱的世界，而地中海的西西里岛却有着被战乱衬托的日常和世俗的宁静。西西里小镇上的多多不是坐在泳池边，而是爬出自家的窗口，提着一盏小马灯攀上枝头，透过窗帷窥探到玛莲娜抱着丈夫的照片在梦一样的音乐中独自起舞，身后的灯光从她大腿那儿透出灿烂的光芒，映照得她的身体像是透明的。玛莲娜一弯腰，背带滑落，丰满的胸部展现在窗外多多的眼前，多多眼睛直直的，气都透不出来，然后他看到玛莲娜用过剩的性感去交换当时非常短缺的活命的粮食，多多惊骇得从树上摔落下来。后来玛莲娜的命运一直就在少年的注目中展现，包括她的尊严在刺眼的阳光下被层层剥尽。玛莲娜的耻辱，对少年多多来说则可能是情色。玛莲娜给了多多无休无止的色情想象。

阿尔伯特与多多一样，终于也找到了属于自己的女孩。多多在电影结束时手挽一位与他一样稚气的少女走出镜头，阿尔伯特的女孩埃琳娜却比阿尔伯特成熟有主见，阿尔伯特被她引导着，以为自己找到了情感归宿，跟着埃琳娜去了她的家乡撒丁岛。然而撒丁岛不是阿尔伯特想象的那样有风情，他的浪漫生活也就是在埃琳娜开的美容院的内室通过虚掩的门偷窥来美容的女客褪胸毛腿毛，在埃琳娜给顾客褪毛的时候，阿尔伯特只能坐在床上，那个内室小到安不下一张可放打字机的桌子——他只能天天看埃琳娜给客人褪毛。从偷窥到饱胀，阿尔伯特大约是完成了成人仪式——他对埃琳娜说要回德国查资料，迫不及待地离开撒丁岛，他知道自己再也不会回来，只不过做成还要回来的样子，埃琳娜也知道他不会回来了，因此她没有依依惜别。

现在的成长就被描写成这样，肉体的痛苦推动精神的饥渴，身体的紧张让人很容易就跌入激情的汪洋，这种激情可以是阿尔伯特式的，可以是多多式的，也可以是《美国黑帮》中那些街头少年式的，或者更可能是《乳房与月亮》中的阿泰式的……躁动、懵懂、恋物、昏昏沉沉而又浑身是劲。

想起《少年维特的烦恼》，歌德早在那个时代就天才地写就了那本关于少年情感的小册子，他让那时代的每个年轻人都强烈感受到了自我，还有对于异性的爱恋，对于自然的崇拜，维特的精神和性格可能就是现在德语文学的渊源——爱以及激情，理想主义和精神反抗物质的勇气，道德上的真挚和智力上的独立性。

少年情怀总是春，一种成长，由身体到精神，再扩而大之到智力到人格，是必须经历许许多多故事的，大的情节可能并不复杂，但细节是那样地真实，那样地让人难以忘怀——旁观者的视线里有许多惊动，而对于那个故事中的人来说，点点滴滴在心头。

突然会意到，朋友的丈夫对于初恋情人的旧情萌动，是否意味着他在精神上欲复习少年往事，重涉那一条时间之河，重温少年情怀？朋友对我说，没想到德国人会这样浪漫，我对她说，虽然你读了那么多德国文学和哲学，你还是没有真正读懂，那不是你血液里的东西，而他们，会重新写一篇烂漫爱情故事。

那只鸽子是什么意思

　　老先生在墙角窗前的那个餐桌上写信。他一眼就瞥见了那只鸽子。鸽子一蹦一跳地在过厅里转悠。

　　老先生放下笔，缓慢地站起来，用你已经很熟悉的略微蹒跚的步子向它走去，俯下身，扑了两下没扑着。他绕过鸽子，缓缓地走到边上的小房间里拿了毯子，折回来，小心地将毯子覆向鸽子。鸽子是那么灵巧活跃，而老先生显得拙笨迟滞，但这次，他终于成功。他是那么怜惜地抱着被毯子包裹着的鸽子。

　　老先生又坐回餐桌边写信了，他写道：你不会相信，公寓里有只鸽子，这是第二次了，这次我抓到了它，一点都不难，但我最终还是放了它。

是的，第一次鸽子飞进来时安娜还没有死，老先生还可以给安娜讲故事，所以用不着像现在这样写信。那天，过厅开了一扇窗户，那只鸽子抓住窗台边的铁销，扑闪着圆圆的眼睛往里打量，然后就直接飞了进来。老先生关起通向安娜房间的门不让鸽子继续往里闯，然后把窗子开大，将鸽子赶了出去。

但现在，安娜已死，躺在里面的房间里，安详而美丽地躺着。银色的头发围绕着曾经生动的面孔。那么多白花黄花散落枕边，他刚刚从外面买回来，一朵一朵剪下……

再之前，他给躺在床上的安娜讲故事，说自己10岁左右去夏令营的事，正说着，他突然拿过枕头按住安娜的脸，安娜挣扎几下，一会儿就没了动静。安娜的人生故事刹那终结。印证了一句话，但凡有历史处，总是戛然而止。然而新的故事或历史却在此重新出发。

看到这里，你以为是凶杀案现场，心扑通乱跳，但如果是跟着一路看下来的人却明白这不是谋杀，这甚至于可以说是爱。是的，电影名为《爱慕》。这里一定要撇开法理上的问题。不然，他就是凶手，我还怎么写下去。

老先生和他的太太安娜是一对风度翩翩的音乐老师。他们一起去香榭丽舍剧院听学生的音乐会，回来时发现门锁有被撬过的痕迹，安娜有点担心，但老先生安慰她，并对她说，"我有说过你今晚特别美吗？"当看到高龄的他们，行动已经有所迟缓，却还享受着温馨的生活，感觉真是美好。但转折马上来了。他们就坐在老先生刚才坐着的那张餐桌旁，当然时间要倒回去——你是从那时熟悉这张餐桌的，早餐时安娜突然失去意识，颈动脉阻塞。

以后安娜从医院回来，坐在轮椅上，她的右侧瘫痪了，要从轮椅移到起居室的椅子上，请老先生帮忙——后来的生活中充满了这样的细节，安娜失去了自由，为了拿就放在床头的书从床上掉下来；老先生出门一会儿，她从轮椅上摔到地上……她求老先生不要送她去医院，是的，去医院又怎样呢，她再也不可能回到从前。一天早晨老先生发现她身底下一片濡湿，帮她收拾干净，老先生抱她坐到轮椅里时安娜的表情无以形容。再以后，她又央求老先生：这生活是如此悲伤且羞辱，已经没有理由活下去。老先生说，如果换做是我，你会怎样做？安娜说现在是我，我不要这样。

在这过程中也有短暂的舒缓，安娜让老先生找出相册，她看着以前的照片感叹道，真美，生命，但那么漫长。在安娜好一点的时候，老先生给她念报纸、讲故事。但终究，安娜一天比一天差，她开始拒绝吃东西，连水也不肯喝，老先生喂她水，她紧抿着唇。老先生说不喝水会死的，好不容易硬灌进去些，她全吐了出来……老先生对她说，我已无法应付。然后，老先生吻着她的左手说，我来给你讲故事吧，那时我大概 10 岁……

从来没有一部电影让我如此耿耿于怀。那场景不可遏制地不断映现，再也不能遗忘。终点每个人都不可逃避，它是那样鲜明丝缕毕现地呈现。不管曾经生活多么慷慨，让你飞扬，但突然某一天它就收回去了，而且还不是戛然而止的那种收回。但对于一个时段来说，就是戛然。虽然它消磨你，让你尊严殆尽，让你不能管控身体和思想的分歧。付出一生努力建立的东西，到底只是海市蜃楼。就像僧侣们用五彩缤纷的沙子在桌子上堆沙画那样，精工细作煞费苦心，作成美丽画幅，不等你欣赏，即以一根长棍将沙画搅乱，甚而将沙子完全从桌面上刮除，不着痕迹。但真的不留影踪吗？桌子空了，沙子还在。"天空未留痕迹，鸟儿却已飞过"。因此那只鸽子要飞进来。安娜要挣脱束缚她的躯壳去自由翱翔吗？

此时，老先生又看到安娜坐在客厅那架三角钢琴前弹奏。

真的，鸽子又飞走了。

日出和雨

一

　　窗外正下着雨，是连续很多个晴日以后的一场秋雨，淅淅沥沥的。不知道这雨在农事上是好呢还是不好，现在的人虽然是读着产生于农业文明的文字长大，但那也是文字里的田园风光，对真正的稼穑却是一窍不通。只是前两日从报上看到，曾经美丽的漓江已不复以前的姿色，照片上她苍老枯干得甚至有些丑陋。我想这场全国大部分地区都下的雨，应该对滋润那些久渴的土地是及时的吧。

想起了不久前去黔东南看到的祈雨仪式，那是震动人心的一刻，至今，对于为何那古老的仪式真的就能求下雨来还没能想明白。

黔东南之行像是会了一场原生态文化的大餐，因为过于丰盛，消化就会有些问题。有一点是可以肯定的，行万里路和读万卷书真的是认识世界最完美的方法。如果不进入那片土地，你怎么能够想象那些山水和人文呢。且不说那里现在还真的有人将唐朝女子的发髻高高地矗在头上，作为日常的发式每天精心养护着，就看那工序繁复的丹寨造纸，也让人心生感动。据说，这造纸术和这里女子的发式一样，也是从唐朝传下来的。丹寨县石桥村是个苗寨，这里的很多人家就以造纸为生，但此处没有造纸厂的那种喧闹，有的只是静静的劳作。造纸的原料是满山遍野到处生长的构树的树皮，辅料也是山上生长的植物炼就的。就地取材，纯粹手工，构树皮经过了 16 道工序变成了洁白或多彩的皮纸，彩纸上有时就会有当地的花花草草，真的花草压在纸面上，销往遥远的地方，是可让人生出些遐想的。据《后汉书·蔡伦传》记述，有"用树肤、麻头及敝布、鱼网以为纸"的，这大概就是古老造纸法的现实传承了吧。女子们的唐朝发髻和古老的手工制作，还有可能也是原味的唐时山水，人们大可在此玩一把穿越，千年时光在这里化为无形。

又穿越回来时有了疑问，据说苗族是没有文字的，他们用歌，或者用刺绣来讲述自己祖先的故事，歌一代一代传唱，刺绣的工艺、图案也是妈妈传给女儿的财富，没有文字的苗族为什么要造纸呢？安徽出好的宣纸是可以理解的，安徽也是个人文荟萃读书人聚集的地方，有需求就会有生产，而丹寨的造纸术竟然也如此坚守，让我们这些眼界狭隘的人，对遥远的文化有了新的想象空间。

二

据说人是一株会思想的芦苇，而又据说人类一思索，上帝就发笑。我不敢思想或思索，我只是瞎想想，在我们所受到的教育里，或者说我们已然被建立起来的思维里，任何事情或事物，都是有因果联系的，所以以至于当我们知道一个事情的其一时，一定会追问其二其三，子丑寅卯，直至一个水落石出的结果。比如这次的黔东南之行，我找到了很多答案，到了那个地方，我们才会理解少数民族为什么能歌善舞，也只有到了那里才可能了解有些故事或工艺的兴盛和流传对于一个民族的真正意义。

西江千户苗寨是中国最大的苗寨，气势宏大，被称为"苗都"，是苗族第三次迁徙的主要集结地。苗寨依山傍水，吊脚楼层叠无尽于山坡上，在阳光下或者在夜晚的灯火照耀下，她的美丽恐怕要人们亲临一睹芳容才能感受。不说美丽，说苗族，由于战乱，苗族一直在迁徙，历史上，迁徙是他们主要的生存状态。在迁徙途中，财产属于身外之物，不易携带，而一个家族或族群又断不能没有储备，因而，银锭化成了银饰，穿戴在女子的身上，一路环佩叮当，既解了路途寂寞又保住了财产安全，两全其美。银饰对于苗族来说意义非同一般，一套银饰行头往往可成传家之宝。因此苗族盛产银匠，那些手工精美的银饰，也注释了苗族的文化。刺绣则是绣在衣服上的历史，每一种纹样都述说着一个故事。苗族人就是这样穿着历史，戴着文化，迁徙。

而残酷的生存搏杀，却带来了文化的容华。这样的因果不是人们能够预设的。

镇远古城的风华绝色又是另一种因果。这是蚩尤的后裔曾创建古老罗施国的地方，真的悠远而古意。她自秦昭王三十年置县，历来是府、道、专署的核心地，两千多年的岁月风霜，没有使她仪容老去，反倒更加繁华风流。㵲阳河以"S"的曲线穿城而过，妩媚出一个太极的图案，将一城分成两半，而以一座祝圣桥相联。因为镇远是水陆要道，是"滇楚锁钥，黔东门户"，所以"欲据滇楚，必占镇远"，"欲通云贵，先守镇远"，镇远成了"以军兴商"的边塞商都。两千多年，历经了"秦时明月汉时关"，见证了绵延千里的苗疆长城，也目送着这条"南方丝绸之路"上缅甸的象队一路远去。

战争烽烟和商船商队的往来使中原文化、湘楚文化、吴越文化、域外文化和这里的民族文化交相杂糅，形成了她自己独特的文化。镇远现在成了一个令人迷醉的地方。

三

黔东南的原生态，正像一个大型文化博物馆，让我们看到历史，看到历史的前因后果，看到源头的一些东西保存完好的欣悦。但总有看不明白的地方，我前面提到过那次祈雨。

那天天气很好，照片中阳光令所有物事看上去都很鲜艳。中午的时候，我们在台江施洞寨的晒谷场边上吃摆成长条桌的"姊妹饭"，几条狗也跑来蹭饭，等着谁有吃剩的食物扔给它们。它们守规矩，不争食，落落大方。狗们漫游桌边，一会儿也到正晒着的谷子边上巡视。谷子金灿灿的，风和日丽，时间似乎有一刻的停止。正沉浸其中，听远处似有"通"的一声，有苗民赶快去收谷子，说要下雨了。

我们被领往江边，江岸上房屋的廊檐下有巨大的树挖成的船，他们称其为独木龙舟。刚才"通"的一声就是龙舟下水时燃放的铳炮。据说苗族独木龙舟节的时候场面非常壮观，几十条船齐聚江边的神山前，举行"祭龙求雨"仪式，岸边还有其他等待下水龙舟的水手齐唱"求雨歌"。我们去时没有遇上龙舟节，是好客的当地人为远道来的客人作的表演。远远地听到有节奏的锣鼓声，此时，原来的一片晴空被云层遮住，一会儿竟下起了雨。只见龙舟由远处渐渐向我们这里划来，龙舟上分站两排水手，他们头戴马尾斗笠，腰系银镶锦带，手握的长长船桨在水中整齐地舞动，随着锣鼓的节奏，铿铿锵锵，一路顺流，行走如飞。

龙舟往下游去了，我们离开，还没等坐上车，雨突然停了。苗民说，龙舟下水一定会下雨，所以当听到那声铳炮就得赶紧收谷子。

对于无法解释不能理解的事情，我们就将其称作神秘。那是一个充满神秘的地方。

四

我不敢想象，如果在黄浦江里划龙舟呢，黄浦江上是否会下雨？而祈雨曾是我们祖先的古老仪式，当时，在人与自然之间肯定有过一种不为我们现在人所知的联络方式。还好，我们现在有黔东南，使我们不至于完全遗忘曾经是活生生的现实的历史。

黔东南有很多人类非物质文化遗产，有活化石，她是被定义为原生态的，但那里也要发展，那里的人也追求更富裕的生活，随着游人的不断进入，那种原始的气息会被现代的游人逐渐带走。若干年以后的黔东南还会是现在的黔东南吗？或者说还会是以前的黔东南吗？

这又是另一种因果了。

经济学有一句很著名的话是天下没有免费的午餐，我们必须牺牲某些有价值的东西去获取其他东西，这种牺牲就是成本。成本肯定要支付的，只是当要作边际上的决策时在边际成本和边际收益间能够找到一个均衡点。

但什么是价值呢？发展是价值还是原始是价值？当

没有弄清楚这一点的时候，决策将是困难的。

日出和雨，是循环，也是因果，发展和原始，也是循环是因果，万事万物生生不息，我们用先哲的眼光或者用现代经济学的眼光，都将会看到那个因果。

在澳门逛街

　　手上一张澳门旅游地图，不知被我翻了多少遍。我在找那条叫官也的街道，怎么也找不到，很不甘心，再找到网上的地图，点击放大放大，但也是毫无踪影。有些气馁的时候，终于在旅游地图的一个角落里发现了小小的放大的凼仔市区图，在那里找到了官也街。终于松了一口气，好像地图上找不到官也街，这条官也街就会丢失了一样。

　　之所以一定要在地图上找到官也街，是因为我认定了它肯定会在地图上标示出来。这是条如此有意思的街，什么人会忽略它呢。但再想，它真的就是一条小到在地图上写不下三个字的街道，它长可能只有几十米，宽也就几步路。它不是我们印象中的商业步行街的样子，比如南京东路步行街，也没有豫园的那些聚集着小商品的街道那样的规模。但它亲切、婉约，让人一见倾心。我们是从施督宪正街这一头进入的，站在这一头看着这条街道，就有一种惊喜，说不上来是什么让人惊喜，是街道的建筑，还是花坛中各式鲜艳的花朵，或者是街道两旁鳞次栉比使人怀旧的店招，反正就是让人喜欢。一头扎进去，路口就有一家有很大招贴的卖榴莲雪糕的小店，还有姜汁撞奶卖。平时不是很馋嘴的，此时却有种被美味诱惑的感觉，尽管刚刚在路环挞沙街的安德鲁饼店吃过了最有名的葡式蛋挞。但最终还是按捺下了尝试榴莲雪糕和姜汁撞奶的欲望，是因为囊中羞涩，匆忙中没来得及换钱，只能眼看着如此美味离我远去。

好在逛官也街不是必定需要很多钱的，只是逛，只是看就非常享受。小小的街道，人群熙攘，摩肩接踵，每个人的脸上都是兴奋和惊喜，你混迹其中，也会被感染。在一家店刚驻留，又想着下一家店会有什么更美妙的物事等着，身在曹营心在汉，这家看两眼又赶紧往下一家跑，反正店铺一家挨着一家，每家都有吸引人的特色，你完全有理由得陇望蜀朝秦暮楚，这山望着那山高，一会儿是车厘哥夫扭结糖，一会儿是姜汁饼杏仁饼，一会儿是猪肉脯牛肉脯，满街飘荡着新鲜食物的香味……看到哈根达斯冰激凌店或者上海饭店之类反倒有种疏离感，那些店前，显然人少得多了。真的，这种所谓连锁店，到处都有，有时也会让人有熟悉的归家感，但因缺乏独特性而无法引起审美。而像车厘哥夫扭结糖的包装纸上写的"保持娱乐性，闲时来玩耍"却多么让人忍俊不禁。

官也街的旁边有些岔道，有柯打苏沙街、安乐街、何连旺街、日头街等，看着互不相干各有所指的街名，"闲时来玩耍"一下倒真是很有趣味。官也街的另一头连着氹仔街市，我们去的那天正好是周日的下午，一周只有这一天才有的市集被我们遇上了。在消防局前地至嘉妹前地一带有各式摊位，卖小饰品的，卖零星用品的，卖文物古董的……应有尽有，空地上还有文艺表演，表演者架了扩音等设备，在街心演唱，女孩很年轻，伴奏的是个男孩，不知是专业的还是业余的，总之像是学生。有些人停留下来观看，一条小狗也来凑热闹，人前人后地溜达。

从这边绕过去有一家叫小飞象的葡国餐厅，据说这里的葡国菜很地道，但我们过门而没入。不过过两天我们又特意过来吃这里的葡国菜，那是后话。

因为我们住在威尼斯人度假村酒店，就先在氹仔逛了，但在澳门怎么能不去澳门半岛呢，那才是市中心啊。从大三巴台阶下来的那条街最是热闹，钜记手信、咀香园这样的店当然游客众多，还有很多店卖肉脯的，一路上几乎每家店都有人拿着小托盘请尝他们家的食品，有些托盘就放在柜台上，让游客自行取用。花生糕核桃酥杏仁饼芝麻糖猪肉脯，如果想吃，一路就别想停嘴了。那里所经过的街道，花王堂街、关前后街、草堆街、板樟堂街，每条街都可逛，也都可穿过它们到达另外的有趣的街道，比如到十月初五街，到白马行；穿过营地大街就到了亚美打利庇庐大马路（新马路），而这是条在澳门最为繁华的商业街，有些类似上海的南京路。甚至有些建筑，比如邮政局，就很有点像上海外滩的某些建筑。

对大马路兴趣不是太大，我喜欢在小街巷中寻找生活中的原汁味。开在议事厅前地的这家"潘荣记金钱饼车仔档"就很能满足我对于小街巷的癖好。这家店让我回想到很久以前的那些日子，店家就一间门面，质朴无华，现在看来几乎可以说是简陋破旧的，原始的制饼模具和炉子，炉前摆着两大桶木炭（都是在我们现在的生活中已经消失的东西），以及店门前排起的长队，让人产生好奇——拐过一个街角就有唾手可得甚至是免费的美食，人们为什么还非要在这里排队等候炉上慢慢烘烤出来的外貌毫不起眼的"减蛋"金钱饼呢？我们也去排队，一定要尝一尝。但我们被告知当天的饼已经卖完，排队的人在等待取他们预定的饼，这些人看上去像是街坊邻居老客户。看出来我们的失望，店家向等候的人们打了招呼，破例卖给我们一小包饼。果然这饼非比寻常，怪不得如此闹市中这样的传统小店却能立于不败。据说2005年潘荣记的老伯正在制饼的场面，还上了澳门邮票呢。

澳门可逛的地方很多，从新马路往南再走两条很小的横马路，就是福隆新街，这里是昔日的红灯区，类似上海以前的四马路，它们是中式建筑，楼下是店面，楼上有很大的开向街道的窗户，据说建于19世纪。现在餐厅林立，这里能吃到地道的澳门菜。

高士德大马路和三盏灯相距很近，却是不同风格。前者多的是精品店，而后者是小店铺和小摊位聚集，价钱便宜到令人不敢相信。还有街头美食，一路上尽是姜汁猪脚的香味，闻着也好啊。

思维修

红尘滚滚。

尘俗中人总难免为各种欲念所累。现在人的第一欲
念就是金钱，有俗话说铜钿银子贴心肺，还有说得冠冕
堂皇一点的是钱能买到自由。一说起自由，那感觉好像
很高蹈，若为自由故，是可以奋不顾身的。

赚钱的路千千万万条，现在又多了一条捷径，炒股
票。一个"炒"字，就将那种在火上爆烤翻腾着的样子
描写出来了。凡炒过股票的人都知道，股市里永远只有
懊恼和后悔，赚钱的瞬时快乐立即被随之而来的后悔击

倒。当抛出一只股票，正在窃喜落袋为安的时候，却看到它的价格直往上蹿，一个涨停，又一个涨停，但那已经不属于你了，直叫人悔得肠子都绿了。套牢，当然更是必须经历痛苦的内心煎熬。股市将种种患得患失，锱铢必较，掂斤播两，你死我活熔于一炉，锻造了一个比江湖更为险恶的江湖。身处如此险恶江湖，哪里还有自由。因此你想抽身离去，但你离得了股市却离不了如股市一样风云变幻吊诡奇逸的世事。

这是一个缘分，后来我想。那天下午，春阳明媚，我随一些朋友到玉佛寺去，虽然心里还惦着未收盘的股市，但同时也生出了些对佛门清净地的想往，祈盼那里可以洗涤长久以来喧嚣而染尘的心。

其实，玉佛寺就在闹市中心，与万丈红尘也就是一墙之隔，墙内墙外并不像我想象的那样截然不同，甚至与外面紧密相连。你会发现它的管理系统完全是现代化的，走进管理人员的办公室，就如所有的 office 一样，大通间小隔断，每位员工桌上电脑电话一样不少。如果只是停留在办公室里，你不会觉得这是寺庙。只有当与僧人聊天后，才觉出了这一墙之隔的不同，他们是以出世的精神，作入世的事业的，建网站编杂志办讲座，僧人与世人一样忙碌，但你也分明能感受到一种安宁的气息，让你一下子沉静下来。

突然想起《五灯会元》里的一则公案。佛陀正对着许多僧众及弟子们宣扬佛法妙义，梵志左手捧着合欢花右手擎着梧桐花来供养佛陀，佛陀对梵志说：梵志，放下。语气坚定，但声音柔和。梵志立即把左手的合欢花放来。佛陀又说：梵志，放下。梵志又连忙放下右手的梧桐花。但佛陀还是说：梵志，放下。梵志慌了，不知道还能放下什么，他问佛陀：我两手已空，您还要我放下什么？佛陀说，我不是要你放下盆花，而是要你放下"放下"，当你没有一物可放舍时，你便得解脱之道。梵志当下开悟。

我想这种宁静大概就是来自放下，放下"放下"，然后可以做所有的事情，忙碌，但再不焦躁，心已放下，本来无一物，何处惹尘埃。

这一个下午，让我又有了一种轻松的感觉，我想起了人是可以不做物的奴隶的——这好像被遗忘很久了，物欲横流的时代，我们都被物奴役过。

又想起一则印度故事，一条小鱼向鱼王问道：我常听人说起海的事情，可是海是什么，它在哪里？鱼王回答说，你不但在海里居住，在海里活动，而且还把生命放在海里，海在你里面，也在你外面，你生于海又归于海。海包围着你，就像你自己的身体。鱼王说的是生活。据说这就是禅，是一种生活的智慧，也是人生的态度。

现在股票是生活的一部分，没关系，我们可以做到手中有股，心中无股，放下"放下"，这不仅仅是调侃，这种态度能够让人恢复自由。我们的心能还给我们自由。这时我们会如鱼儿在水中悠游一般在生活中随心所欲，做所有该做的，但不为所累。当自由来临，我们还乞求什么呢。

梵语思维修即禅。

这算哪一行？

　　闲来翻书，书是放在厨房间的，这个闲是不得不闲，火上不能浇油，只得以闲待之。此乃题外话。为何在如此短文中还要言不及义，废话连篇？自然，读完全文即可分晓。

　　话说翻书，是《金瓶梅》。这次看到孙雪娥和庞春梅的一段戏份。孙雪娥是西门庆的妾，春梅是潘金莲的丫鬟，潘金莲也是西门庆的妾，虽然潘金莲比较得宠，孙雪娥不怎么入西门庆的眼，但无论如何潘和孙总是同辈而春梅是下人。

要说《金瓶梅》好就好在写出人生况味，怪不得鲁迅在《中国小说史略》其19篇中首论《金瓶梅》，说："诸世情书中，《金瓶梅》最有名"，并赞其为"同时说部，无以上之"。真正是"世情"。此时，西门庆死了，他的一干妻妾各寻生路，自是飞鸟各投林。孙雪娥与西门府的下人来旺儿暗奸，又偷了许多西门府的东西私奔，被抓后下场当然不妙。而潘金莲的丫鬟春梅却不知怎么时来运转成为周守备夫人，一听官府要卖孙雪娥，她当即将其买了下来。且看下面这段描写：

"雪娥见是春梅，不免低头进见。望上倒身下拜，磕了四个头。这春梅把眼瞪一瞪，唤将当直的家人媳妇上来，'与我把这贱人撮去了鬏髻，剥了上盖衣裳，打入厨下，与我烧火做饭！'这雪娥听了，口中只叫苦……既在他檐下，怎敢不低头？孙雪娥到此地步，只得摘了髻儿，换了艳服，满脸悲恸，往厨下去了。"

不用了解前情，明眼人一看便知，这春梅和孙雪娥在西门府时是有过节的，那肯定和潘、孙两妾的不和有关。且不说以前大宅院里那些鸡零狗碎妻妾争斗的破事儿，却说现如今这报复：打入厨下，与我烧火做饭！看到这里，慨叹一声，不就是做饭嘛，有那么悲怆？当然，有，有，这是可以理解的，身份的颠倒，命运的弄人……且，那时的分工可真细呵，烧火的做饭的，打杂的粗使的，伺候茶水的，伺候更衣的……丫鬟是丫鬟，老妈子是老妈子，茶水丫鬟也是不下厨房的哦。

看书经常跑题，比如你看我现在忘了春梅等如何斗狠，一下子从明朝穿越回科技发达之现代。我的眼前是一个女人，不，是一个千手观音一样的千手女人，她那么多手似乎还不够，还必须有速度，眼前是快进的效果，看到她一窜一窜连蹦带跳的，夹杂着机器轻微的运转声，滋滋的。现在的女人绝对得茶水丫鬟和粗使老妈子一肩挑。不是么，据说最好的那个女人就是"上得厅堂下得厨房"的。看起来很美的一句"素手做羹汤"包含多少辛劳？厨房一端，厅堂一端，中间还有未标明名目的大片模糊地带，涉及生活的所有事项，一样不能少。每天想起那句名言"扫帚不到，灰尘不会自己跑掉"，然后去完成清洁工、洗衣妇、煮饭婆、餐厅服务生、洗碗工、客房侍应、车夫（妇），甚至点心师、咖啡师、调酒师、茶道师、园艺师、家庭教师……的工作；还有管家、财务总管、家庭CEO……这一切都是业余的，在上班之余，最伟大之处在于，完全无私奉献，不收一分报酬。

明朝有一部常识大典叫《多能鄙事》，举凡饮食、器用、方药、农圃、牧养、阴阳、占卜之法无不俱载，是当时家家必备的工具书。"多能鄙事"出自《论语·子罕篇》，有人好奇地问子贡："你们的先生是圣人吧？为何这样多才多艺？"子贡说："天意要玉成我们的先生为圣人，就赐予他一些非凡的能力。"孔子听说后，不以为然，"吾少也贱，故多能鄙事"，他的意思是我小时候身份低下，因此会干很多粗活。当然儒家的六艺"礼、乐、射、御、书、数"现在看来都是要专业人士干的，哪能算粗活。孔子是圣人，他多能鄙事很正常。

而作为"女人和小人难养"的女人，现在也多能鄙事，而且家庭主妇这行不知算三百六十行外的哪一行？这一行做多久都没有晋级的，也不能退休，每天重复和那些永远没完的家事战斗，战斗战斗，新的战斗，她们的战斗生活像诗篇吗？

　　只是不断听到有人教导她们，没有丑女人，只有懒女人，为了不丑，为了美，那就勤快起来吧。保养、锻炼……在以上那些事以外再加一点又何妨？

　　现在你能理解这闲来翻书的闲是啥意思了？

　　怪不得看到微信上转的段子，会心一笑。录以备笑：女人说，我想跟朋友出去，不想失去单身的自由；我想高兴吃什么就吃什么，不想变成理所当然的煮饭婆；我想花钱打扮自己让自己开心，不想每天想着要怎么省来补贴家用；我想当永远的情人，不想在努力当个好老婆时，还要当老公的另一个妈……据说转发量超过三百万。

心在哪里

"扫帚不到，灰尘不会自己跑掉"，一个家庭主妇念叨着这句名人名言，去完成清洁工、洗衣妇、煮饭婆、餐厅服务生、洗碗工、客房侍应、车夫（妇），甚至点心师、咖啡师、调酒师、茶道师、园艺师、家庭教师……的工作；还有管家、财务总管、家庭 CEO 的职责……我曾经对家庭主妇的这种忙碌如此描述，并形容她们为千手观音。话题是由《金瓶梅》引出的，我注意到，这当中观念和情绪上就有了些问题。其实那种情绪并不是我的原意。有时，话赶着话，就出现了一些自己也预料不到的东西。

就说春梅是为了报复孙雪娥而将她买来，打入厨下烧火做饭的。让人做饭，居然是报复，可见这做饭有多低下。看词的搭配，厨——下，厅——上，从内心里已经对厨房的劳动给了高下的判定。中国传统文化一直是"惟有读书高"的，以"君子远庖厨"为标榜，那么，读了些书的现代妇女浸淫在这片土壤里，在某一时刻忘了自己属于"唯女子与小人难养也"的"女子"，而将自己代偿为"君子"，一心只读圣贤书，对于厨下和家事的忙碌会占用自己太多读书时间而心存怨忿也算是可以理解的。

但这样一种文化传统扼杀了多少人的快乐！其实，原来劳动是可以给人带来快乐的，只要你投入真心。

你看，生活在美国新罕布什尔乡间的塔莎·杜朵，她的生活和人生多么有意思——虽然她被冠名著名生活艺术家、著名插图画家、凯迪克大奖获得者、女王终身成就奖获得者，她一生著有80本以上的著作，但她却是一名真正意义上的主妇——塔莎·杜朵说，"主妇是个伟大的职业，没有什么可羞怯的。身为主妇不代表无法钻研学问。你当然可以一边熬煮果酱，一边阅读莎士比亚。"

塔莎·杜朵不仅仅熬煮果酱，她还在57岁那年，用版税收入搬到了佛蒙特州，在儿子的协助下，在近10平方公里的荒原中，建起了十九世纪风格的农家和谷仓，她修整庭院，在树林里建起花园、果林、菜地以及池塘。她自给自足，肥皂、蜡烛、油灯都亲手制作。她还拥有一座秘密花园，蔷薇、郁金香、山茶花……七月里，池塘里遍布着盛开的睡莲，院子里随处可见累累的果实。塔莎·杜朵着亲手缝制的拼布衬裙，头上永远带着美丽的头巾，烹饪最美味的食品……在一幅照片上，我看到塔莎·杜朵在鲜花的映衬下格外优雅，此时，让人对青春和鲜花的俗套搭配方式心生厌烦，而觉得只有90岁的塔莎·杜朵和美艳鲜花的搭配才称得上绝配。

之所以成为绝配的原因是这些鲜花来自于一个人的劳动，这些花都是年过90的塔莎持续照顾着的，她使用古老工具并以从不懈怠的关照让它们每天鲜美欲滴。塔莎·杜朵说，"我一直以度假的心情度过每天、每分、每秒。"

什么是度假的心情？就是享受的心情啊。当作主妇（或者别的工作）成为享受时，还会有怨忿吗？那就会创造生活的乐趣，让生活的每一分每一秒都更美好，就像塔莎百花盛开的庭院。

前些天看达人秀，一对姐弟表演杂技，姐姐说她的愿望就是弟弟能出名，然后改变生活境遇，以街头卖艺谋生的他们太穷了。弟弟完成了高难度的动作，但弟弟始终没有笑过，紧皱着眉头，显然他并不享受他的表演，评委也哭了，像极了苦情戏。同样是街头艺人的胡启志表演水晶球时那种全神贯注超然物外又乐在其中的神情是他水晶球表演的一个生动组成部分，你知道玩水晶球是他最大的享受，因此你也很享受地欣赏他的享受……

必定要做的，为什么不享受着去做呢？人生苦短，时间是有限的，据说是三万天，将所有的时间都变作休假吧，以休假的心情过每天、每分、每秒。

其实，关于在厨房的劳作，连佛教也从不看轻，佛教把煮菜烧饭的工作看作修行，把厨房看作道场，在厨房的道场里可以成就结缘、惜福、供养的道业。再推而广之，哪里不是道场呢，心在哪里，哪里就是道场；心在哪里，哪里就是你此生的福地。

雪娥和美导

最近微信里都是关于老的话题，比如"走着走着就老了"，还要讲到生命的无常。看到"无常"两字心里一哆嗦。小时候就知道有黑白无常二仙，好像是鬼差（此处应该放个惊恐的表情），他们手拿脚镣手铐专职捉拿鬼魂。那时读《红楼梦》，对《恨无常》印象极深，"喜荣华正好，恨无常又到。"那是一种反差特别强烈的对比，正莺歌燕舞欢宴无尽，黑白仙差就到了，正所谓天下没有不散的宴席，生死有命，再怎么荣华富贵也奈何不得。在那样的时候，应该有（二黄慢板）：一轮明月照窗前，愁人心中似箭穿……

这也是一种生命观。不同文化对此看法相异，譬如印度是视生死为同一，浑然天成的样子。他们在上游扔下还没有完全烧尽的尸体，隔不多远的下游就有人在这水里洗澡喝水了，他们觉得，这就是自然，生生死死，循环而已。而我们，着眼于生，未知生，焉知死。生，轰轰烈烈，光宗耀祖，极尽荣华，而死，随"无常"到而戛然而止，再不费笔墨。

都是那个帖子闹的，怎么就讲到无常啊，死啊的。其实死亡确实只能是戛然而止的，人生下来就开始往那个方向走，只是所有往那个方向的人最怕的是老，所以，这样的话题每一代人到了某个年纪都要说一说的，也读到过很多。记得一位女诗人，专门为头上的第一根白发写了首诗，她知道，那是一种信号，比烟花还要绚烂明亮的信号，从此以后，那时间会让她的头发从乌云到飘雪，让她的颜色日日褪去。

冯唐的一篇"活着活着就老了"好像也转发者众。不过，他的写法不是那么悲切，他其实想说他还年轻。

主要是后来者来了，他感觉着后进者的生命力，那种"发克"一切的狂野杀气，有代沟了。这几天，真正有些"悲愁"意思的是林青霞。她过60大寿了。所有的人都在赞美她，白先勇为她新作《云去云来》写的序言"谪仙记"可让林美人永不褪色，此文会比林美人更加青春永驻。这一点，我同意冯唐说的，文学，其实很了不起。几千年，什么成功人士CEO,什么楼堂馆所亭台楼阁早都灰飞烟灭了，可诗词文章却还年轻着。白文大家可到网上查阅，看看是否比青霞更青，或者只是天空海阔，做最坚强的泡沫。

青霞60大寿那天，着实是用了力的，红色、绿色、裸色一身一身华服闪耀，亮瞎了人的眼。有人在群里议论说，她生了两个孩子，为什么腰还可以那么细？这些人真不知道什么叫明星，以为和劳动妇女煮饭婆一样？人家自有驻颜妙招，告诉你们也学不会。当然，她过60大寿，另外几个和她年龄相仿的前明星也被拉出来说道，说，有的拼命整形扮少女，有的板起脸来专演恶婆婆，为什么都没有林美人的派头？其实，人和人是能比的吗？不是也有人说道林美人的情路，以及她的两个女儿都不是美人胚子？替她惋惜呢。做美人不容易，做名美人更不容易。光华的同时，也泣血的。

倒是另两位美女让我铭记至今，她们就是雪娥＆美导。雪娥是台北市青溪新文艺学会的总干事，美导是我们的美女导游，我忘了她名字，雪娥给了我名片，所以终于有了名字。雪娥梳着一条很长的乌黑发亮的辫子，太长了不方便，于是盘在头上。她长得苗条，一笑俩酒窝，还是现在时兴的锥子脸，大眼睛长睫毛，不说话的时候，眼睛还在说话呢。雪娥话不多，但善唱，一路将台湾民歌唱得婉转悠长。美导更不用说了，干练的短发，随意的衣着，也是大眼睛和酒窝。她让一车专家教授学者们笑得停不下来。据说，最不好伺候的就是所谓教书的，他们自诩读书多，又见多识广，爱挑剔，一般导游背些导游词哪里糊弄得过去？但美导不背导游词，看得出已化成她自己的东西了，她就是给说台湾的历史、地理、人文，还有段子，也不带很多色，那叫幽默，是高智商的那种，口才一流，说得这些搞此研究的人佩服得不知说什么好。私下里议论，美导到大学当个教授也不会差呀。

美导说，我喜欢这工作，从没那份心，且都什么年纪了。什么年纪？ 30？ 40？美导说都不对，还往上往上……没有人相信。雪娥说，有什么不信的，我孙女都满地跑了。哦？？？当终于确认，我们赶紧采访她们，想学驻颜之术。没有啦，就是心无杂念，工作工作，忘记自己的年龄，年龄真的会不见的哦。

和她们比，林美人真不算什么，她只不过吸引了所有的灯光而已。在灯光照不到的地方，民间美女多了去了，她们用辛勤付出为自己的容颜添色。

现在，我想雪娥和美导至少在我心中、笔下已经不老。

时间去哪儿了

上次写到林青霞林美人的 60 大寿，坊间好一阵热闹。大家看不懂，以她年届花甲的岁数，却引领美丽风潮，时光对她似乎特别宽厚，至少在外貌上很少雕琢她。在她身上，时间不作为。难道她是被时间豁免的吗？时间去哪儿了？

时间在的呀，你看，早晨，太阳在东面的窗口露脸，笃笃笃，敲窗户，起来啦！一会会，太阳跑到南面窗户探头探脑。快点快点，趁太阳在时间在，赶紧将被子捧到阳台上去晒。当太阳到西面窗口张望的时候，要记得将被子收进来。那时，被子变得蓬松柔软，上面留下了时间——阳光的味道，时间清清楚楚写在被子上呢，也写入我们的嗅觉，我们分明闻见了滴滴哒哒的时间。

　　时间滴滴哒哒走着，煤气上煨着的羊肉也散发出浓烈的香味。这样的时刻实施穿越最好。一切静好，暂时心无挂碍。我跟着蒲松龄先到清朝去会儿。恰好就看到了"某显者"，他怎么和几百年以后的当代"显者"一样"多为不道"？还好他的夫人比较清醒，"每以果报劝谏之"，但他"殊不听信"。后来遇上一个能知人禄数的方士，方士久久看着他然后说"君再食米二十石、面四十石，天禄乃尽。"回来他就算开了，一个人一年只需要吃二石面，还有二十多年的天禄，怕什么？于是"横如故"。但不久，他即得病，必须得不断吃东西，吃得再多都饿，以致"一昼夜十余餐。"不到一年，他的天禄吃完，结束。为人一世，草木一秋，吃饭是有定数的？也听说有些长寿老人每餐只吃七分饱，从不暴饮暴食，是知所珍惜的意思，省着点慢慢吃？无论如何，总是天数咯？但每人到底几何，不遇到方士是不可获知的，也是天机不可泄露。

　　不过，一般说来，每个人的大致时间是有的，经计算，似乎是约等于三万天。这三万天时间你无论用与不用，或者如何用，都和你无关，它管自己滴滴哒哒走着。比如刚才，为了现在香气四溢的羊肉，我花了不少时间。你看，先将羊肉冲洗干净，放在大盆中，用清水浸泡半小时，期间换水两三次，泡出羊肉中的血水，洗净沥干备用。然后锅中放清水，羊肉冷水下锅，中大火煮开后，小火又煮五分钟。焯水后捞出羊肉冲洗干净，沥干。再然后青蒜切段姜拍碎，葱打结，大蒜、香叶、大料、桂皮和花椒放入茶包袋装好。炒锅内放油烧热，爆香葱姜蒜红尖椒，倒入羊肉煸炒出香味。加水，加料酒，加老抽生抽，放入香料包，放入冰糖、几颗红枣，翻匀煮开，将羊肉盛入砂锅小火煨。现在我就是在等羊肉酥烂入味的时间里，偶尔穿越开个小差。等会儿羊肉酥烂了，才可开盖转大火收浓汤汁，撒上青蒜叶，盖上锅盖焖一分钟，再开盖出锅。一连串，写着都嫌啰嗦，做时更烦，还有，不断洗锅子，你看，才做一个羊肉就用到那么多器皿，大盆（浸泡羊肉）、锅子（焯水）、炒锅、砂锅。当忙忙碌碌的时候，时间正在离开，我的时间正伴着羊肉香四处飘散呢。

时间就是这样流逝的。朱自清早就说了"洗手的时候，日子从水盆里过去；吃饭的时候，日子从饭碗里过去；默默时，便从凝然的双眼前过去。我觉察他去的匆匆了，伸出手遮挽时，他又从遮挽着的手边过去，天黑时，我躺在床上，他便伶伶俐俐地从我身上跨过，从我脚边飞去了。等我睁开眼和太阳再见，这算又溜走了一日。"

有人说，只有时间这个资源是每个人都平等拥有的，不管富人穷人，不管身份地位，每人一天都是二十四小时。是的，看似有理。但这二十四小时用来做什么可就是千差万别了。经常坐在酒桌前的必定三高，总是去健身房的多半矫健；还有大多数人无可奈何应付生活，不知怎样才能驾驭时间。

而所有事物的背后，都是时间。

一道菜是时间，一款精致的点心是时间，一个干净的房间是时间，一尘不染的窗户，漂亮的窗帘，暖暖的被子也是时间；茶、咖啡、水果，凡是所需，哪样不是时间呢？时间去哪儿了？时间去了一切可以去的地方。

想一想，即使一只干干净净热热乎乎从消毒柜里拿出来的碗也是耗费了时间和精神的，那么一个美人，要让年华不显山露水，要让自己干干净净漂漂亮亮的，那得花多少时间打理，永不懈怠？因而，我向努力美丽的人们致敬。

也是蛮拼的

日子和日子有什么区别？为什么30年前或者20年前或者N年前的那个日子和现在的日子不一样？首先，那是过去，过去了的时间其实就是过去了，不存在了，你能抓住那个时间吗？你能留住它吗？你能赖在那里不走吗？都不行。但说它不存在，它却还是留着一点什么在那里，那个叫记忆的东西一直躲在某个地方，一不小心，它会现身，会跑出来喊你一声或拍你一下，让你产生今夕何夕之感。其次，现在的时间说起来还是从过去的时间那儿来的，不是过去的时间，却有过去时间的影子，拖着过去时间那条长长的尾巴。但终究是现在的时间了，和过去是那么的不同，而且从所有的地方都显现着时间和时间的差异。

又绕起来了。大概这就是事情本来的面目，牵丝攀藤，腻之疙瘩，用文艺腔的话说是，剪不断理还乱。说起这个话题来，是因为最近一直感觉着时间的错乱。不仅仅是时间，有时是空间，似乎一切都错乱起来。很像一些文字，不知道自己该待在什么位置，有的跑前有的落后，有的还掉队，有的调皮，躲藏起来，让你找不到它。

其实，过去时间和现在时间的区分可以很具体的。比如，过去，上海人是喜欢家宴的。就是在家里招待亲朋好友。想起来了，说起时间和时间的区分，就是因为日子一个一个连着，大多数时候搞不清前一个日子和后一个日子是怎么分割的，只是在懵然不觉间突然发现过去的某一个日子，或者过去的某一个场景猛然凸显再现，比如家宴。家宴终于让日子和日子区分了。日子被分成有家宴的日子和没家宴的日子。什么都记不得了，家宴被记忆了。现在想起来，要有多少心思，才能办起一桌宴席。

先是拿出纸笔，列出菜单。列菜单也是个技术活，要对菜谱非常熟悉，几个冷盘，几个热炒，几道大菜，几味点心……不像现在，什么事情都可百度，那时菜单是家庭传统，没有做过，没有吃过是列不出来的。虽然每家菜肴有相似性，但总有这一家和那一家不一样的拿手菜。最好的手艺要到家宴那天拿出来。

比如猪肉，一般的红烧肉东坡肉的做法比较大路，不说了，说白焐肉。用肥瘦各半的鲜猪肉一斤，洗净下锅，用黄酒细盐各少许，加水煮熟，取出后切成二寸长的梳子片，斜铺菜盘上。将大蒜用刀背拍碎并捣成泥。烧肉的肉卤下锅，加入白酱油煎沸，下蒜泥急炒，然后将酱汁浇泼于肉片上。此菜红白相间，肥而不腻，既清爽又入味，每次上桌总是引来一片赞叹。还有一道酒焖肉也是令人叫绝的。将五花鲜肉洗净，开水烫过，切成长梳形，以盐涂擦之，置半小时。用祁门红茶叶熬汁，并将茶叶和茶汁分离。在锅中放入猪油、黄酒（大约三两左右）、肉块翻炒，肉将熟时掠出其油，倒入茶汁，用文火焖至汁少，再加冰糖屑收膏。此菜味极甘芳，香闻隔室。现在谁还敢吃猪油做的菜？但那真叫香啊。

回忆那时的菜名，也有隔空的惊艳。黄鱼羹、刀鱼羹、呛清水虾、雨前虾仁、海蜇炖蛋……印象深的有醉瓦楞子。瓦楞子者，毛蚶也。可惜那年肝病风波后，这一味艳冠味蕾的美味从此消失在苍茫天地之间。

是有点七颠八倒。刚刚明明是在列菜单，还没采办就先烧起来了。那么，回来，现在要去采办，买来菜单上所需之原料。那时没有超市，要跑菜场，跑南北货店，跑土特产店……做一次家宴，提前一个月就准备了，如此之长的时间都沉浸在一桌宴席中，这样的宴席还不令人咀之嚼之记之忆之？

这就是过去的时间。过去的时间用心用情，用文火慢慢煨出暖暖人情，煨出厚厚的生活滋味。不知什么时候（一个日子跟着一个日子的呀，当中又没断档过），却突然就变成现在了。现在的人，有钱就任性。任性地说，买买买，鼠标一点。任性地说，吃吃吃，一通电话搞掂。现在的人，吃的菜倒也是一道一道工序做出来的，但不是自己做，印象不深，食不甘味。少了过程的大餐，意思就不够了。现在的时间，也只好以数量充质量了，恨不得天天宴席，欢宴无尽。

　　也是蛮拼的。

安宁去哪儿了

据说 140 年后，等待人们的将是一个智能化的天堂。人工智能将开始代替人类的大部分智力劳动，那时，智能机器人开始大规模地代替产业工人，同时机器人也将进入千家万户包揽繁琐家务。据说这是难以想象的舒适生活，人们将过上富有的、游手好闲的日子。

看到"游手好闲"几个字，我就两眼放光。其实，我很没出息，我的理想就是"游手好闲"，我只想不动，坐着，发呆。或者红泥小火炉，雪夜读禁书。或者林静月下，人思风前。到那时，真的能得一"闲"，还游着手，更可以游着心，那是何等的幸福完满。可惜，那样的好日子来得太晚了，估计我们这茬人是等不到了。

想起小时候，坐在上海少年儿童图书馆小楼的阳台上——顺便说一句，当时觉得那楼很大，院子很大，草坪也很大，主要是觉得自己的心很大，觉得未来是那么遥远。后来，也就是最近，我特意去了南京路上的少儿图书馆，发现这里原来是小小的楼，甚至于几乎没有草坪，也找不到我的阳台。院内墙上是我认识的儿童文学作家的照片，她们是小朋友的偶像？小朋友可以借此想象一个遥远的未来，如我小时候那样——我读着"动脑筋爷爷"，老爷爷的漫画形象极其可爱，卷卷的头发，穿着医生一样的白大褂，我知道，这是科学家的意思。后来想，这形象是否脱胎于爱因斯坦？书上就是给我们描述未来，一切都机械化了，机器人可以帮人做许许多多事。印象深的一幅漫画，画着一个病人躺在躺椅上张着嘴，机器手在帮他拔牙……到了未来，一切都很美好。

现在我已经到了未来，现在是那时的未来。现在真的有很多事情由机器帮人们做了。参观过现代化的企业，工人们坐在控制室的仪表盘后面，车间里不见一个人影，但流水线上秩序井然，产品由原料进去，到成品出来包装好，然后运到仓储部门堆放，全由仪器自己完成……家里，也由机器代替很多人力。洗衣机、洗碗机、消毒烘干机、微波炉、电磁炉、烤箱、面包机、酸奶机、豆浆机、榨汁机、粉碎机，还有削果皮器，甚至新型的智能吸尘器可以不要人管，自己满地打转，会爬楼梯，遇到障碍物会折返、绕开，会钻到沙发底下、橱柜底下兢兢业业打扫，没电了还会自己跑到电源那充电。

如果在我童年的那头来看未来——我的现在，肯定会觉得我幸福得不得了。你看，我早上起来漱洗时，先将头天晚上浸泡好的各色豆子放到豆浆机里，插电启动；摁一下智能吸尘器的按钮，然后漱洗，漱洗完毕，热腾腾的豆浆好了，在"嘀嘀"地叫我，吸尘器忙活了一阵，地板也干净了……然后坐下来吃早点，打开手机读微信（比较起来，打开报纸读报就有点太古典了）……看上去很美。

看微信的时候，整个世界都跑到你面前来了。中学群、大学群、工作群、朋友群……不断地"嘀嘀嘀"、"嘀嘀嘀"此起彼伏，每个群讨论各自的问题，生活在世界各地的人可以在同一个群里发言。失联很久的人都出现了，各地美景、美食拼命跳出来抢你眼球，只感觉眼球不够用。各种文章，不断分享，政治经济宗教国际政治国际关系军事体育金融男性女性文学艺术健康养生心灵鸡汤……呵呵，什么时候变成全能型人才的？好像什么都懂，好像什么事都能参与，都能置喙，只感觉在意气风发指点江山。"我是查理"，"我不是查理"，你是无理，他是有理……生老病死……战争灾难……这也算了，大问题，毕竟是人们必须关注的。

然而，还有好多今天做了一个菜，明天孩子哭了笑了，在哪里吃了饭，到何地去玩了，看了一场戏，听了一首歌……事无巨细，尽入眼底。还有，这个不能吃，那个不能用，还有早晨要吃什么晚上该喝什么，什么时候揉什么穴道，什么时候敲何处关节，不胜其烦。早早晚晚，都不得安宁。安宁哪去了？

这就是未来吗？当机器帮你做了一切，当你"游手好闲"时却让心累得慌？人类看来不会让自己闲着。140年以后，是否真的会比现在好？我还要不要向往和希望呢？

红尘乱世，讨一瓢安宁有点难。

后　记

我想说的是距离。

起点和终点的距离，意图和结果的距离，以及无数种距离。泰戈尔说："世界上最远的距离是鱼与飞鸟的距离，一个在天，一个却深潜海底。"有些距离是关山重重，永远也无法接近，而有些距离，是山不转水转，兜兜转转，终有因缘际会的一天。

是的，鱼与飞鸟，本来永远也不可能相聚，一个在天，一个却深潜海底，但它们却意外地因了泰戈尔的文字而在同一页纸上聚首。这一种因缘际会就像那头著名的猪，因为站在风口而飞上了天一样。不过，一旦风力不够强劲，猪还是会掉到地上成为在地上的那头猪，它和天空将保持原先的距离。

人心，有时想消灭一切距离的，它试图无远弗届。但是，事实上，心能凭借什么呢，风么？每一个点和点的对接必须有因有缘。微信上看到的小故事：整整三年高中，女生暗恋心中男神，直至高中毕业大学毕业，直至结婚生子，直至多年以后的同学聚会，当时过境迁，当所有原先秘而不宣的情感可以以玩笑的形式大声宣布的时候，男神告诉她，她也是那些年自己的女神。那时，其实他们的心是没有距离的，却远隔天涯，而现在，他们毗邻，却又天涯远隔。

过年，与朋友约好去苏州。朋友年三十前就回家了，享受父母的唠叨和厨艺。而我，是想去看苏州博物馆唐伯虎原作的展出，还有丰子恺的画。

到苏州在酒店住下后朋友过来汇合，讨论行走路线。说，那就直奔"苏博"？我以为不至于那么着急，来都来了，明天再去不迟。现在离平江路不远，走着就到的，何不先去平江路转？也好，一行人往平江路去。苏州去了无数次，还是喜欢那种可以随时发生的遭遇时间（历史）。

行至平江路中，小巷边有一牌指向"耦园"。哦，那么我们就此"偶遇"一下如何？一行人皆颔首赞同。没有疑义地，我们转向小巷，且一路打听。一游客说，那是一个当官的买给红颜的园子，他们几次要断，却几次断不了，意为藕断丝连——园子承载了一个爱情故事。逶逶迤迤，白墙黑瓦，我们终于在仓街小新桥巷深处婆娑树影下偶遇了"耦园"。原来，耦通偶，寓夫妇偕隐。购得废园的苏松太道道台沈秉成将园子修成住宅居中，东西花园分列两边的别具一格，在其间"偕隐双山"，一边"载酒"，一边"问字"，伉俪情深，悠游度日。刚才游客的那一番附会，也与真实情形相距甚远。

又是距离。

第二天一早，朋友过来，一起去"苏博"看唐伯虎。至狮子林时堵车，怎么也到不了"苏博"的停车场，路边，路上都已停满了车，且见"苏博"门口人山人海排起了长龙。不知何处停车，更不知即使停了车要排多久的队？几个人在车上一合计，撤。于是一路杀出重围，逃之夭夭。

我们远离了原先的意图，也远离了唐伯虎和丰子恺。

然后，驱车阊门，直奔山塘街。山塘街建于唐代，据说和白居易有点关系，他开凿过一条"七里山塘到虎丘"的山塘河，因而被誉为姑苏第一名街。

因为没有见到唐伯虎，反倒有缘"第一"，也是世事难料的一种。然后，又见到一个好园子——"艺圃"——也是沿着弯弯曲曲的小街巷，找到文衙弄的"艺圃"。"艺圃"是明式小园林的代表，开朗简练，它的第二任主人文震孟是文徵明的曾孙。虽则南辕北辙，却也有某种关联，文徵明和唐伯虎，他们关系非同一般，唐伯虎曾作《与文徵明书》。距离似乎不那么远了。

前些天去香港参加一个会议，巧遇北岛。北岛正在给人签名。我和"闺蜜"花城出版社社长詹秀敏刚好走过，《香港文学》总编辑、香港作联执行会长陶然问我们要不要也让北岛签一个？我和秀敏同时大笑，好吧，算是做一回"老粉"。想起以前读北岛诗的时候，离现在很有些距离了，距离已经改变了所有。但还是记得他的某些句子：如今我们深夜饮酒，杯子碰到一起，都是梦破碎的声音。

幸福来临的时间不对，都是梦破碎的声音。

其实我想说的是，已经写成文字的，和我想写的，不是一回事，或者我想表达的和我能够表达的有很大的距离，有的距离是海里的游鱼和天上的飞鸟，而有的距离是山重水复和柳暗花明，但无论如何，那些文字是因是缘，也是一路风景，有的缘各一面，有的明月直入。

圣·埃克苏佩里说，看，我的那颗星星，恰好就在头上，却距离如此遥远。

我们每个人都在追寻自己头上的那颗星星，意图让心无远弗届，可以抵达头上的那颗星。但，距离真的如此遥远。

最后要感谢上海书店出版社和编辑杨柏伟先生促成此书，以使这些文字得以接近读者。

2015 年 2 月 23 日

图书在版编目(CIP)数据

上海之妖/朱蕊著. —上海：上海书店出版社，
2015.7
ISBN 978-7-5458-1104-9

Ⅰ.①上… Ⅱ.①朱… Ⅲ.①散文集—中国—当代
Ⅳ.①I267

中国版本图书馆 CIP 数据核字(2015)第 155236 号

上海之妖

朱　蕊/著
责任编辑/杨柏伟　　　　　　封面绘画/王达麟
技术编辑/丁　多　　　　　　装帧设计/郦书径
上海世纪出版股份有限公司上海书店出版社出版
中国图书进出口上海公司发行
2015 年 7 月第 1 版
ISBN 978-7-5458-1104-9/I · 316